水务资本论
SHUIWU ZIBENLUN

傅涛 沙建新 著

学林出版社

图书在版编目(CIP)数据

水务资本论 / 傅涛, 沙建新著. —上海: 学林出版社, 2011.3
ISBN 978-7-5486-0152-4

Ⅰ.①水… Ⅱ.①傅… ②沙… Ⅲ.①水资源管理-研究-中国 Ⅳ.①TV213.4

中国版本图书馆 CIP 数据核字(2011)第 027931 号

水务资本论

作　者——	傅　涛　沙建新
责任编辑——	匡志强
封面设计——	魏　来
出　　版——	上海世纪出版股份有限公司　学林出版社
	地址: 上海钦州南路81号　电话/传真:64515005
发　　行——	中国图书进出口上海公司
	地址: 上海市广中路88号　电话:36357888
排　　版——	南京展望文化发展有限公司
字　　数——	14万
书　　号——	ISBN 978-7-5486-0152-4/F·14

(如发生印刷、装订质量问题, 读者可向工厂调换。)

"水是生命之源、生产之要、生态之基。"

——摘自《中共中央国务院关于加快水利改革发展的决定》

序

中国水务行业市场化改革拉开帷幕已有近十年,传统水务公司改革不断深化,一批市场主体迅速成长,专业的投资主体、运营主体持续涌现。水务这个传统的公用事业行业,正在被公众以市场化的视角重新认识。

水业的市场化改革的深入必然触及资本,对于水务这一长期由政府出资的行业来说,如何实现与资本市场的衔接是一个新鲜的课题。本书正是对这一课题所作的积极探讨。

资本市场化是水务行业发展的必然选择和有益辅助。没有资本市场化,大量的民间资本就难以进入,为应对日益提高的水质安全标准而实施的技术改造将面临资金瓶颈;没有资本市场化,水务行业的财务与经营信息就难以真正公开透明,行业的监管与效率将难以有效提升;没有资本市场化,水务行业就缺乏科学合理的估值体系,国有资产与公众利益均难以可靠计量。

我们相信,蓬勃发展的中国资本市场必将催生民族水务巨头。在公用事业既有管理模式所提供的安全边际基础上,国内的优秀水务企业如能切实提炼其达到国际先进水平的运营与管理要素,并将其标准化、模块化,有效实现复制与输出,借助资本市场提供的丰富融资工具及估值优势,将可望迅速缩短与国际水务巨头的差距,成为水务行业的民族巨头。而另一方面,水务行业作为基本不存在周期性的行业,对于降低中国 A 股市场的系统性风险也是一个有益的补充。

沙建新先生是国内屈指可数的同时拥有数十年水务企业运营及A股上市成功经验的企业家,我们的合作是水业政策理论研究与企业运营、融资实证相结合的一次尝试。希望我们共同付出的辛劳与汗水能够对推进水务行业市场化,尤其是水务企业进入资本市场有所助益。

感谢兴业证券匡志伟先生为水务企业A股上市所做的卓有成效的探索,感谢中国水网、清华大学水业政策研究中心提供的大量统计数据与资料,感谢众多行业领导与同仁们长久以来的指导与支持。没有他们的帮助,本书的写作是很难如此顺利完成的。

傅涛

2011年3月于清华园

目 录

1 水务投资，盛宴开场 ... 001

A股市场向水务企业敞开大门 ... 001
- 重庆水务：打破水务IPO沉寂 ... 001
- 兴蓉投资：借壳蓝星清洗 ... 003
- 江南水务：A股市场的水务新丁 ... 004
- A股市场涌动水务热潮 ... 006
- 大批环境企业竞相试水A股市场 ... 007
- 优秀水务企业上市的意义何在 ... 008

外资涌入中国水务市场 ... 009
- 外资进入中国水务市场的四个阶段 ... 010
- 苏伊士环境集团：外资水务急先锋 ... 012
- 威立雅水务：在华外资水务中的领跑者 ... 014
- 泰晤士水务、柏林水务等国际巨头纷纷进入 ... 015
- 外资进入中国水业的路径变化 ... 016
- 外资并购对城市供水价格未产生实质影响 ... 017
- 给战略性外资一个客观评价 ... 019

中国水业进入资本拉动时代 ... 020

Contents

  中国水业投融资结构的沿革 021
  投融资能力已经成为水业竞争的核心能力 023
  商业资本面临巨大机遇 024

水业将成资本市场新宠 025
  上市公司纷纷闯入水务市场 025
  水务上市公司的市场表现 026
  新一轮水务上市潮即将上演 027
  A股市场必将催生民族水务龙头 028

2 水资源的价值认知 030

越来越珍贵的"生命之源" 030
  全球水资源概况 030
  中国水资源的总体状况 032
  对中国水资源的认识与反差 034

水质是城市水资源的核心 035
  水资源具有循环再生特性 035
  决定水资源再生循环的要素 037
  基于水质的水资源模型 038

目 录

  水资源模型应用的流域尺度 040
  再生水战略的重新定位 041
 水质经济学的基本内涵 042
  水质经济学的主要思想 042
  基于水质经济学的服务和价格模型 043
  水资源总量的理论值与经济值 044
  缺水等级划分的新思路 044

3 我国水业的产业发展 046
 我国水业的发展历程 047
  水业发展的四个阶段 047
  水业的三种主要产业形态 048
  我国水业的市场规模 050
  我国水业的经营模式和经营特点 053
 中国水业发展空间广阔 055
  我国水业的发展趋势 056
  我国水业的技术水平 060
  我国水业的管理体制和法律法规 061

我国水务行业的竞争状况 ·· 062
我国水务行业的市场化程度 ··· 063
我国水务行业的竞争格局 ·· 064
水务行业进入的主要壁垒 ·· 065

4 难以端平的水价 ·· 067
水价是水务行业发展的关键因素 ··· 067
水价：中国最为复杂的价格 ·· 067
水价的四元组成 ··· 069
水价的政治性因素强过经济因素 ··· 071
水价为什么不断上涨 ··· 072
中国目前水价现状 ·· 072
水价上涨的五个原因 ·· 074
水价之痛：不信任引发恶性循环 ··· 076
水价中的成本之困 ·· 078
目前的水价管理已力不从心 ··· 080
水价改革的模式选择 ··· 081
如何有效约束水务服务成本？ ··· 082

目 录

如何在供水的自然垄断中引入竞争机制? 084
三个手段保证水价改革的公平与效率 086
水价是企业、公众与政府的三方平衡 089
政府应如何落实在供水领域的公共服务责任 090

水价改革任重道远 092
水价和成本管理之痒 092
如何看待和推进供水成本公开 094
阶梯水价为何难以实施? 097
水价听证会的误区 099
政府补贴为什么关照公交而忽略水价? 101

破局"低质低价"的尴尬 103
"低质低价"的困境因何而来 103
水务服务需要政府、企业和消费者三方的投入 104
要允许高效率的优秀企业有较好的收益 105
用服务和质量实现"人水和谐" 106

5 自来水与污水处理:不能承受之重 109
被忽视的自来水水质问题 109

认知水质现状 ... 109
我国水质已面临严重威胁 ... 111
建立第三方检测体系,保证水质检测公正 ... 112
优质的水质服务必需足够资金和严格监管的双重保障 ... 113

污水处理的模式选择 ... 114
两种污水处理设施的规划模式比较 ... 115
两种不同模式的成因 ... 116
两种不同模式的利弊比较 ... 117
对污水处理治理模式的思考 ... 119

城市污水处理的环保监管 ... 120
城市污水排放逐渐进入环保监管视野 ... 121
污水处理厂是排污单位还是治污单位? ... 122
城市污水处理的责任转移 ... 123
污水处理厂是三方责任体系中的一员 ... 124
污水处理环保监管路有多长? ... 125

6 资本:中国水业发展的魔棒 ... 127
水务企业的资本需求巨大 ... 127

目录

　　水业企业如何实现资本战略 128
　　传统资本投资模式走到了尽头 129
　　水业巨大的投资需求如何满足？ 130

　中国水业起飞的资本之翼 132
　　政策性资金升级为政策性融资 132
　　用产业投资基金吸引社会低成本资金 134
　　水务行业产业投资基金的特点 135
　　水务行业发展产业投资基金的可行性 136
　　水务企业需要提升融资能力 138
　　民营资本将成关注焦点 138

7 中国水业的未来之路 140

　我国水业发展的背景与趋势 140
　　水业发展的产业新背景 140
　　水业产业转型的八大趋势 142

　我国水业的产业化转型 144
　　我国水业的产业集中度过低 144
　　水业产业的标准化欠缺 146

Contents

水业产业链的加法与减法 147
产业时代的水业战略联盟 148

以信息化提升运营效率 149
国内外水务信息化现状 150
智能水务——国内水务信息化的最新实践 152
智能水务项目前景广阔 155

附录一　中国210个大中小城市的水价 156

附录二　国内部分优秀水务企业介绍 164
首创股份(600008) 164
南海发展(600323) 165
洪城水业(600461) 166
重庆水务(601158) 167
江南水务(601199) 168

1

水务投资,盛宴开场

A 股市场向水务企业敞开大门

2010年,中国农历虎年。

在这一年里,中国的 A 股市场,频频被水务企业敲开。从重庆水务(代码:601158)以 IPO 方式成功登陆上证所,成为国内最大的专业水务上市公司;到成都兴蓉投资借壳蓝星清洗(代码:000598),由化工企业变身成一家以污水处理为主业的上市公司;再到江苏江南水务申请上市成功闯关,驶入打造"跨流域水务服务龙头"的快车道……水务企业在 A 股市场频频亮相,成为国内资本市场的新宠。

重庆水务:打破水务 IPO 沉寂

2010年3月28日上午9点28分,随着重庆市市长黄奇帆和重庆水务集团董事长武秀峰在上海证券交易所同时敲响的一声铜锣,重庆水务集团正式登陆上海证券交易所。重庆水务不仅是2004年以来第一家在国内A股市场通过IPO方式上市的水务企业,也是国内最大的专业水务上市公司,更是中国第一个以自来水的生产与供应为主业的完整独立上市的水务集团。

重庆水务的前身为重庆市水务控股(集团)有限公司,成立于2001年1月11日,系重庆市人民政府以其全资持有的国有企业重庆市自来水公司、重庆市排水有限公司、重庆市公用事业基建工程处、重庆公用事业工程建设承包公司、重庆公用事业投资开发公司等国有企业的权益出资设立的国有独资有限责任公司。

2003年,为解决三峡库区污水处理项目建设资金缺口,重庆市政府决定将中央下拨三峡库区的30多亿国债资金一并划转至重庆水务作为资本金。2007年6月,重庆市国资委通过国有股权划转,将重庆市水务控股(集团)有限公司由国有独资有限责任公司变更为两名股东的国有控股有限责任公司。

重庆水务具有供排水一体化、厂网一体、外资参股等特点。2001年,重庆水务就已将重庆自来水公司、重庆排水公司等国有企业成功整合,建立了从原水、供水、排水及污水处理的完整水务产业链。供排水一体化整合后,重庆水务进入快速发展阶段,2006—2008年主营业务收入复合增长率高达40%。2008年,重庆水务成功引入国际水务巨头苏伊士环境和中国香港综合基建企业新创建集团作为战略投资人,以期获得两者在公司治理领域的支持,并与其分享项目管理经验。

2009年12月30日,重庆水务IPO获得了中国证监会审核通过。2010年3月,重庆水务在上证所正式上市,公开发行A股5亿股。重庆水务上市募集资金的投向,主要是为了当地的环保治污。根据其招股说明书,募集的资金将全部投入到 15 个项目中,其中有 6 个供配水项目、9 个污水处理项目。

重庆水务的成功上市,不仅结束了国内资本市场自 2004 年以来无新水务企业通过 IPO 形式上市的历史,同时也创造了水务行业的融资神话,给正在寻求上市的地方水企提供了许多借鉴。

兴蓉投资:借壳蓝星清洗

就在重庆水务上市后不久,2010 年 5 月,A 股上市公司蓝星清洗(代码:000598)发布公告,实施重大资产重组——成都市兴蓉投资有限公司以其持有的成都市排水有限责任公司股权与公司全部资产和负债进行置换。7 月 14 日,蓝星清洗正式更名为"兴蓉投资",从化工企业变身成一家以污水处理为主业的上市公司。

兴蓉投资借壳成功后,很快就实现了上市公司的扭亏转盈。2010 年 10 月,公司再度公告,将收购公司控股股东成都市兴蓉集团有限公司(以下简称兴蓉集团)持有的成都市自来水有限责任公司 100% 股权,从而将业务拓展至自来水供应领域,使公司形成集原水收集、制水、输配水、售水、污水处理等业务于一体的完整构架,成为实现供排水一体化的水务集团。

兴蓉集团组建于 2002 年,注册资本为 10 亿元,总资产 176 亿元,拥有员工 3 000 余人,由成都市国资委持股 100%,主营城市供排水基础设施的投融资、建设和运营管理,旗下拥有成都市自来水有限责任公司、成都市排水有限责任公司、成都市汇锦水业有限责任公司、成都市全域乡镇水务投资有限公司四家全资子公司,拥有自来水厂 3 座,污水处理厂 12 座,四星级酒店一家。截至 2009 年底,公司自来水供应能力 138 万立方米/日,污水处理能力 138.7 万立方米/日。

未来,兴蓉投资还将积极拓展产业链,将其延伸至污泥处置和再生水利用业务,进一步布局环保领域,培育新的利润增长点,逐步实现由传统的水务公司向综合性环保集团的转型。

江南水务:A股市场的水务新丁

虎年即将结束之时,A股市场的水务板块又添新丁。2011年1月24日,江苏江南水务股份有限公司在上证所公开上市的申请,获得中国证监会通过,成为在这一热潮中最新亮相的"水务新星"。

江南水务是由江阴市公有资产经营有限公司作为主发起人,按"厂网分离"的原则,以原江阴市自来水总公司制水业务相关资产出资,联合江南模塑科技股份有限公司和13位自然人于2003年7月15日发起设立,主要经营自来水制售、给水工程设计、供水工程建设、水质检测、水表计量检测以及对公用基础设施行业进行投资等。2008年11月28日,江南水务向江阴市城乡给排水有限公司定向发行8 500万股股份,整合给排水公司拥有的全部供水管网资产。

目前,江南水务拥有日供水能力93万立方米,DN100以上供水管网总长600多公里,供水人口超过200万,供水规模、人均供水量及各项能耗、全员劳动生产率等指标在同行业中处于领先地位。

多年来,江南水务公司立足保障民生需求,恪守"水质以国际水平为准、供水以社会需求为准、服务以用户满意为准"的企业标准,运用现代化管理手段,不断强化供水管理,注重提升供水服务效能。公司相继开发升级了水厂集散控制系统（DCS）、供水调度信息管理系统（SCADA）、管网地理信息系统（GIS），水源自动在线监测系统等系统，采用多种新型净水工艺技术并建立先进的生产管理系统和水质检测体系，并先后通过了ISO9000、ISO14000、OHS18000认证，有效保障和提升了企业的管理效能和运行质量。公司水质检测中心是江苏省城镇供水企业一级水质化验室，并取得了中国合格评定国家认可委员会的认可，具备了国家级实验室检测资质。

江南水务此次上市，拟发行股数为5 880万股，发行股数占发行后总股本比例为25.15%。募集资金拟用于投资乡镇水厂资产收购项目、智能水务开发及综合应用项目和利港水厂改扩建项目。

江南水务与同行业公司的差别主要在于，定位于发展成为专业的水务服务供应商。公司管理层认为，未来水务市场的竞争将主要表现为各地政府对水务项目的投资者与运营者的分别招标。公司作为国内经验丰富、绩效领先的水务运营商，经过长期对行之有效的技术工艺、管理经验的总结与提升，并通过本次募投项目"智能水务"，将其标准化、信息化、模块化，使之成为水务企业运营的系统化解决方案，目前已基本具备了成为专业的水务服务供应商的条件。另外，区别于传统的水务企业地方垄断的经营理念，公司特别注重客户服务，倡导"人水和谐"的理念，公司在供水水质、爆管抢修等方面都制定了高于国家标准的企业标准，并且定期进行水厂开放日和客户满意度调查等与客户沟通互动的活动。可以说，江南水务在盈利能力与客户服务方面均处于行业领先的水平。

江南水务的成功上市，不但将大大增强企业的资金实力，还能有效弥补其在品牌话语权方面的缺失和融资渠道的单一，这无疑将有助于其通过打造标准化的现代化水务服务模板，以"资本＋服务"输出的方式，实现成为"跨流域水务服务龙头企业"的发展战略。

A股市场涌动水务热潮

事实上,水务企业的上市并非2010年的新生事物,首创股份、洪城水业、创业环保等在A股市场已叱咤多年。不过,水务公司上市在2008年开始真正热潮涌动。2008年2月,中国证监会并购重组委审核通过了上市公司公用科技(代码:000685)于2007年8月公布的吸收合并大股东中山公用事业集团及定向增发收购五家区镇供水资产为主的重大资产重组方案。2008年8月,"公用科技"正式改名为"中山公用"。

中山公用事业集团股份有限公司成立于1992年,是一家以水务运营和投资为主的公用事业类大型上市公司。公司拥有九家参、控股供水子公司及六家供水分公司,供水覆盖面积约1 500平方公里,管网长度达3 800公里,日供水能力达175万立方米;拥有一家污水处理公司,污水日处理能力达30万立方米,规划日处理能力达65万立方米。供水总量占中山市的80%以上,是供水行业的区域性龙头。

同样是在2008年,国中水务借壳ST黑龙(代码:600187)获得成功。国中水务股份有限公司是香港国中控股有限公司在中国的全资子公司国中(天津)水务有限公司控股的公司,主要经营领域为建设、经营城市市政工程、生态环境治理工程;相关技术和设备的开发、生产与销售;并提供水务工程领域的技术咨询服务。国中水务拥有独特的业务模式,兼顾市政水务及大工业外包服务市场,并贯穿水务项目完整价值链的综合成本控制。公司在陕西、青海、山东、秦皇岛、马鞍山、昌黎等省市控股的水务项目达十余个,共拥有约100多万立方米/日的水处理能力,服务人口总数超过210万。

原黑龙江黑龙股份有限公司从2004年初开始一直处于停产状态,已无法维持正常生产经营。公司股票于2006年5月15日被上海证券交易所暂停上市交易。2007年5月,ST黑龙的控股股东黑龙集团公司与国中(天津)水务有限公司签订《股份转让协议》及《补充协议》,并先后取得了国务院国资委、国家商务部、中国证监会的相关批复。2009年4月17日,公司股票恢复上市交易,改名为ST国中,公司主营业务变更为在中国境内从事投资收购或建设污水处理、自来水厂。2010年8月26日,原ST国中因2009年成功实现扭亏,公司正式"脱帽",简称变更为国中水务。

大批环境企业竞相试水A股市场

不但传统水务公司上市融资的热情被大大激发,大批中小环境企业也纷纷试水中小板和创业板市场。2010年2月,万邦达(代码:300055)登陆创业板;4月,碧水源(代码:300070)登陆创业板,表现抢眼。

碧水源和万邦达这两支环保股票上市之初,即受到了市场的热捧,由此也点燃了中小环保企业上市的热情。不少技术性水务企业成功引入战略投资人,正在谋划创业板上市,如安徽国祯环保节能科技股份有限公司已经引进世界500强公司——日本丸红株式会社作为战略投资者,并进入上市通道。2010年度,国祯环保表现活跃,成为水务投资企业的新星。

据统计,1990年,中国仅有一家水务环境类上市公司,而截至2010年11月,在我国主板、中小企业板以及创业板上市的水务环境类企业已达到51家,总市值4 095亿元人民币,平均动态PE达到77倍。同一时期,上证A股总市值为 190 510 亿元人民币,平均 PE 值为 23;深证 A 股总市值 85 464 亿元人民币,平均 PE 值为 45 倍。可以看出,水务环境类企业的发展前景得到了市场的充分认可。

优秀水务企业上市的意义何在

首先,水务行业的优秀企业上市是有社会意义的。一段时间以来,水价持续上涨备受关注,很多民众要求公开水价成本,部分地方的相关方面也有"水价中有很大比例成本为不宜公开的成本"的说法。然而,上市对于国有资产保值增值的巨大效益能够在很大程度上使相关方面达成一致,帮助水务企业取得经营发展的良好外部环境,从而实现规范运作与健康成长。同时,优秀的水务企业上市后将全面公开财务与经营信息,对其他同行业企业形成触动,产生积极的示范效应。一个水务企业上市后,其公开的水价与盈利状况就会成为周边城市同行业企业的参照,从而在一定程度上抑制水价的过快上涨。

另一方面,跨国水务巨头频频通过资本运作"高溢价"收购国内水务企业,并以"高溢价"为基础进一步推高水价,国内水务企业根本无法抗衡——单一以调控净资产利润率为目标的定价模式在限制水务企业资金实力的同时也使水务企业的价值严重低估。而优秀的水务企业上市则不但可以大大提升其资金实力,也可以通过资本市场的定价功能使水务企业有一个市场化的合理定价。因此,优秀的水务企业上市,对于推动水务行业发展、理顺行业价值体系、降低民众生活成本是具有社会意义的。

其次,水务行业的优秀企业是有投资价值的。相对于充分竞争行业越来越短的行业周期,水务行业基本不存在周期性;相对于电力、燃气等受能源物资价格波动影响明显的公用事业行业,水务行业受基础生产资料价格波动影响较小(变动成本占比小);而相对于电信等偏重于服务的公用事业行业来说,水务行业又有其资源垄断性,基本不存在市场竞争的情况。长期稳定的盈利能力与良好资产质量使其股票具有坚实的估值基础,是投资者获取可靠回报的低风险选择。

第三,水务行业的优秀企业是有成长空间的。从国外水务行业发展情况来看,水务行业的发展方向是成为融资与服务相结合的现代服务业。针对水务项目投资主体和经营主体的招标实质上应该是对项目融资成本与服务价格的招标。虽然目前国内由于历史和地方利益等原因,水务行业的地域壁垒仍然较高,但是随着市政公用事业特许经营制度的完善,在一些新建供水项目、污水处理项目以及排水管网监测等新兴服务项目中,已越来越多地实行了公开招标,水务行业跨地域发展的契机已经出现。可以预计,随着越来越多的优秀水务企业上市,水务行业的发展并将迎来全新的局面。

外资涌入中国水务市场

近年来,随着中国对外资投资领域的日渐开放以及水务行业吸收外资政策的日渐宽松,外资水务公司开始争先恐后往这块价值万亿的市场里挤。

中国水务增长巨大的市场潜力吸引了法国威立雅、苏伊士、英国泰晤士、德国柏林等外资水务巨头,水务行业的外资并购风起云涌。依靠雄厚的资本、先进的技术和管理经验,外资水务企业在中国水务市场竞争中大有斩获,目前已以特许经营、BOT模式、TOT模式、控股、合作等投资方式，进入了沈阳、天津、重庆、南昌、郑州、上海、北京等多个城市的水务市场。

外资进入中国水务市场的四个阶段

总体来说，外资水务企业在中国供水行业的发展到目前为止可以分成四个阶段：20世纪90年代是我国发展城市水基础设施的一个建设高峰期，也是外资水务企业大量进入中国水业的第一个阶段。

由于当时中国城市化进程很快，巨额的基础建设资金一时难以筹集，地方政府面临严重的融资困境，特别是1994年出台的《预算法》，严禁地方政府发债融资，让作为城市水业传统投资主体的地方政府几乎都力不从心。在此情况下，城市水业改革中的投资市场被首先开放。随着鼓励外资投资中国公用事业设施建设的政策出台，地方政府纷纷引进外国投资者，外资水务企业开始在华直接投资。1992年，法国苏伊士环境集团投资广东中山市坦洲自来水公司，成为外资水务企业进军中国的开始。

但这一阶段水务业开放领域仅限于水厂和污水处理厂，未涉及管网，合作方式也以BOT和合作公司的方式为主。据公开资料显示，当时全国水务行业约有20多个固定回报项目，主要分布在黑龙江、辽宁、河北、天津、广东、江西、浙江等地。

20世纪90年代末和21世纪初是外资水务企业在中国发展的第二个阶段。1997年后，银行利率逐渐下调，设有固定回报的BOT项目日渐成为地方财政的重负。2002年9月，国务院办公厅签发43号文《国务院办公厅关于妥善处理现有保证外方投资固定回报项目有关问题的通知》，明确指出：保证外方投资固定回报的政策违反了中外合资、合作经营有关法律和法规的规定;今后任何单位不得违反国家规定保证外方投资固定回报。设定固定回报的水务项目亦在清算之列。

最典型的例子,要算英国泰晤士水务与上海市政府签署的大场项目专营协议。1996年,世界三大水务巨头之一的英国泰晤士水务以BOT模式,投资7 300万美元,取得了上海市北自来水公司下属大场水厂项目的运营权。泰晤士水务将经营此项目到2018年,时限20年。作为回报,上海保证其项目的年固定回报率在15%。这项承诺使大场水厂的自来水成本普遍高于其他水厂,加重了自来水公司的运营负担。2004年4月,大场项目被强制叫停。上海市水务资产公司通过一次性付清包括剩余15年的建设补偿金在内的费用,以数亿元资金收回大场水厂。

由于中国政府对投资固定回报项目清理,外资水务企业调整市场战略,部分财务型企业退出中国市场,部分战略型企业借助中国市场开发的深入,更加积极地进入了供水系统服务市场。

第三个阶段始于2002年。2002年3月,原国家计委公布新的《外商投资产业指导》,将原本禁止外商投资的电信和燃气、热力、供排水等城市管网首次被列为对外开放领域,国家在城市公用事业及基础设施行业扩大开放政策逐步到位。2002年12月,建设部发布《关于加快市政公用行业市场化进程的意见》,对包括水务在内的公用事业实行特许经营制度,提出"鼓励社会资金、外国资本采取独资、合资、合作等多种形式,参与市政公用设施的建设,形成多元化的投资结构",开放市政公用行业投资建设、运营作业市场,建立政府特许经营制度等,明确了城市水业改革与推荐市场化为主要方向。

2005年10月通过的"十一五"规划中,仅污水处理一项,到2010年,全国各省市的城市污水处理率要达到70%,要实现这一目标,全国将新建污水处理厂1 000多座,总投资将在4 000亿元左右。

伴随着中国城市水业市场化改革的全面推进,随着国内市政公用行业市场化改革的不断推进和市场的不断规范,以战略型投资为主的外资企业再次关注中国水务市场,增强了在华投资、运营的信心。战略型企业的投资方式由原来的针对自来水厂的单元服务模式向针对整个自来水公司的系统服务转型,加大了投资难度、风险,也扩大了投资收入的潜力,出现了普遍的资产溢价收购。

2008年以来,由于金融危机的影响,在国际上也掀起了"国有化"的浪潮。在财政政策和金融政策转变的宏观背景之下,中国水业一定程度地出现了"国进民退"现象,由于受到社会和政府对外资收购意图质疑的影响,外资战略水务企业的收购步伐明显放缓。

据统计,截至2008年底,6家最有影响力、最活跃的外资水务企业威立雅水务、中法水务、中华煤气、金州环境、汇津水务和美国西部水务共获得签约供水项目50多个。从项目的供水总能力来看,这6家外资水务企业所涉及的供水项目的供水总能力达到2 000多万立方米/日,相当于全国供水总能力的8%,如果按照企业持有股权进行折算,则目前这6家外资水务企业在中国供水市场中的份额约在4%左右。

苏伊士环境集团:外资水务急先锋

具有120年历史的全球第二大水务企业——法国苏伊士环境集团堪称外资进军中国水务市场的急先锋。1992年,苏伊士环境集团和香港新世界基建投资有限公司合资组建中法水务投资有限公司(简称"中法水务")。同年,中法水务与广东中山市坦洲镇签订为期35年的供水专营合约。1994年12月,中山市坦洲自来水有限公司正式投入运营。该公司是中国供水行业第一家与外商合资经营的企业,业务包括水处理厂经营、城市管网管理和客户服务。

2002年,中法水务在中国共成立了6家合资企业,其中上海化学工业区中法水务发展有限公司是中法水务首家在中国提供工业水、污水处理及有害废物处理服务的合资企业;重庆中法供水有限公司是中法水务在国内的首家全方位服务项目。

2004年,中法水务在中国首家获准为整个城市提供特许经营服务的合作公司——三亚中法供水有限公司投入运营。该公司业务包括饮用水供应及客户服务,专营期为30年,日供水能力为23.5万立方米。

2006年1月,中法水务与重庆市水务控股(集团)有限公司合资组建重庆中法水务投资有限公司,其股份占到60%,突破了我国对外资进入水务组建合资公司不得超过50%的限制。

2006年7月,由苏伊士环境集团与上海化学工业区发展有限公司、上海化学工业区中法水务发展有限公司、上海同济大学、华东理工大学四方合作成立的水研究中心在上海化学工业区正式落成。研究中心投资达一千万元人民币,是中国首家专门从事工业用水及污水处理的研发机构,同时也是苏伊士全球技术网络的一部分。

2007年8月,中法水务在江苏扬州自来水股权转让项目中,以高出净资产近5倍的8.95亿元报价独占鳌头。

据统计,自1992年以来,苏伊士环境集团及旗下的中法水务已经在中国18个省、市拥有25家企业,核心业务涵盖饮用水处理、城市全方位供水服务、工业水处理、污水处理、污泥处理以及投资公司六大范畴。

威立雅水务：在华外资水务中的领跑者

威立雅水务是法国威立雅环境服务集团旗下专业从事城市水业的国际公司，已经有150年的历史，其前身为法国威望迪集团，2003年5月更名为威立雅。威立雅环境服务集团是世界唯一提供综合环境服务的公司，在全球有30万员工，业务遍及67个国家，其核心业务包括供水、废物处理、能源服务和公共交通，2007年收入达到450亿美元，在《财富》500强中排名第178位，是全球最大的水务、废物处理、公共交通运营商。

1997年6月，威立雅水务与天津市供水部门签订了中国第一份特许授权合同，获得了改造并经营天津凌庄水处理厂的合约，项目总投资额为30亿元，合同有效期为20年，从而揭开了其在中国水务领域投资的序幕。

2002年，威立雅水务斥资近20亿元，以净资产三倍溢价收购上海浦东自来水公司50%股权，经营期限50年，开创城市水业溢价收购的先河。

2003年6月，威立雅与首创股份成立首创威水投资有限公司，这是国内水务界第一个与外商合资成立的投资型公司。同年12月，威立雅联合首创收购深圳水务45%股权，实现了水务资本层面的战略重组，此次收购为2003年中国最大宗的外资并购案。

此后，威立雅的动作不断：2007年1月，威立雅以17.1亿元高价获得兰州供水集团45%股权；3月，以9.5亿元获得海口水务集团50%股权；9月，以超出净资产额3倍的21.8亿元夺得天津市北水业49%股权转让项目……目前，威立雅水务已参与了中国21个城市的供水经营，拥有27个项目，投资总额近60亿人民币,总涉及人口过亿,成为在华外资水务中的领跑者。

威立雅水务在华的主要项目中,包括了数个为大中型城市提供全面市政水务服务的合约。如在上海浦东组建的为期50年的合资公司,为该地区的居民提供饮用水的制水、配送和客户服务;类似的全面服务合同还体现在深圳特区,在那里威立雅水务提供全面的供水服务。

泰晤士水务、柏林水务等国际巨头纷纷进入

实际上,对中国水市场怀有浓厚兴趣的远不止苏伊士环境集团和威立雅水务两家。柏林水务、泰晤士水务等国际巨头同样不甘人后,意欲在这一被外资公认的"黄金产业"中大显身手。

英国泰晤士水务公司是目前全世界最大的水务工程公司之一,拥有400多年的供水和污水处理历史,在水务管理和运营等方面有着丰富的经验,因成功治理泰晤士河而确立了在世界水务界的地位。1996年,泰晤士水务以BOT方式进军中国水务市场,以7 300万美元的投资获得上海大场水厂为期20年的经营权,2000年收购了合作企业股份,使大场项目成为独资公司。2004年,由于国内政策变化,泰晤士水务将经营了8年的上海大场水厂全部股权转让给上海水务资产管理公司,宣布这家中国第一个由外商独资经营的水厂被"收归国有"。

德国最大的水务公司柏林水务公司也来到了中国。2002年3月,德国柏林水务国际股份公司与北京城建三建设工程有限公司商务合作暨南昌BOT项目在北京正式签约,双方将共同投资2.9亿元人民币兴建南昌青山湖污水处理厂。同年9月,柏林水务与济南市政府签署了战略合作框架协议,投资1

亿美元用于污水处理设施建设。2004年,柏林水务联合体以4.8亿元的价格,取得资产价值2.6亿元的安徽合肥王小郢污水处理厂23年特许经营权。这既是安徽省最大的污水处理厂资产权益转让项目,也是当时全国规范招标最大的TOT污水处理项目。

此外,英国安格利安水务公司、国泰国际集团、汇津中国水务有限公司、麦克唐纳水与环境公司等也相当活跃。中国水务这一巨大市场正吸引着众多跨国企业的目光。

外资进入中国水业的路径变化

中国水务市场开放初期,国家首先放开了部分自来水厂的建设,采用由外资投资并经营一定时间,取得合理回报后无偿移交的BOT(建造—运营—移交)模式,其目的是引进资金和改善管理模式,促进供水企业的改革,打破垄断行业机构臃肿、人浮于事、成本过高的弊端。

但是,以固定高回报率(一般性为15%左右)的外资BOT的合作经营方式存在很多弊病,给国内许多自来水公司带来深刻的教训和沉重的经济负担。1999年国家统计局提供的报告表明,外资在中国最有利可图的产业是自来水厂,其利润和成本的比率为24.48%,是所有外商投资产业项目中最高的。

早期的BOT投资是没有市场风险和财务风险的,而无风险的高回报的"超国民待遇"并不符合市场规则的要求,内外资企业不能在同一起跑线上竞争,因而设定回报率的BOT仍然是一种变相的行政性垄断。1997年,在BOT和其他合作模式中明文规定回报的做法被国家废止。

随着水务行业对外开放政策的逐步到位,外资开始直接购并原有水厂的部分股份,对水厂进行改造和运营。2002年5月,上海浦东自来水公司50%国有股股权溢价转让给威立雅水务。此次收购中,外资第一次大规模介入了城市供水管网。威立雅以20亿元现金超过资产评估价格近三倍的价格,承诺对合资公司1 582名员工不进行裁员,保证提供优于现有标准的优质自来水并将保持政府统一定价的条件,首次涉足供水管网。

与单纯的水厂相比,管网的诱惑力无疑更大:首先,市场容量更大,遍布城市的庞大的管网和供排水设施更能容纳大规模的资金;其次,管网放开经营,让外资直接面对中国市场和最终用户,外资更能在水价调整中获益。而与BOT模式相比,以合资的形式来共同经营、共担风险和收益,是符合市场规律和国际惯例的,无疑,这一模式将成为水务业引入外资的主流。

目前,外企在中国投资水务的风险、成本都还比较高,要想减少风险,真正获得稳定而高于平均利润率的回报,唯一的办法就是加快在中国的投资,使现有的资源有条件得到最充分的整合利用,实现规模效益。可以预期,外资介入中国水务业的力度还会加大,尤其是对管网的投资。

外资并购对城市供水价格未产生实质影响

外资企业在为中国供水市场带来技术、资金、管理经验的同时,也引发了中国社会对水务公共设施安全的高度关注,尤其是资产溢价收购的现象多次出现,引发了公众对水价飞涨的担忧,以及对民族产业发展困境的忧患。面对2009年全面的水价调整,外资因为之前的溢价表现,成为备受质疑的对象,几乎成为水价上涨的元凶。

然而,外资并购真的对城市供水价格产生了实质影响吗?从2007年底开始,受国家发改委价格司的委托,清华大学水业政策研究中心曾经对我国36个供水改革活跃的重点城市进行过深入系统的调查和分析。结果发现:2002年以后,在包括11家外资水务企业和国内大型水务公司进入供水市场之后,并没有对当地水价调整造成明显影响。

我国36个重点城市的供水改革较其它城市比较活跃,也是社会水务企业(包括外资水务企业)最为关注的区域之一。在这些社会企业进入地方供水市场之后,水价当年调高的城市有4个;有外资企业进入且水价当年上调的城市为3个。

社会企业进入后,自来水供水价格于第二年及以后上调的城市有7个。社会企业进入后未调整水价的城市有5个。

在没有社会企业进入的20个城市中,有18个城市有过自来水供水价格的调整,其中有过三次调价的城市为4个;有过二次调价的城市为9个;仅调整过一次水价的城市为5个;而从没调整过自来水供水价格的城市有2个。

对比分析结果发现,在社会企业进入的16个城市中,合同签署当年自来水供水价格上调的城市有4个,社会企业进入的随后年度里自来水供水价格上涨的城市有7个,社会企业进入后自来水供水价格没有上涨的城市有5个,城市自来水供水价格上调的城市占有社会企业进入城市总数的68.8%。

在没有社会企业进入的20个城市中,拉萨和沈阳2个城市八年来没有调整过水价,而有18个城市进行了自来水供水价格的调整,在没有社会企业进入的城市中的比例为90%。从上面的对比分析来看,社会企业的进入并不是地方水价上涨的必然原因。

此外,从161个地级市(不包括36个重点城市)的供水价格上,也可以得出类似的结论。我们将这161个城市划分为有社会企业进入的地级市43个和无社会企业进入的地级市118个。对比两类城市的供水价格发现,46.51%的有社会企业进入的地级市的供水价格分布在1~1.5元/吨这个区域内,也有一半(50%)无社会企业进入的地级市的供水价格分布在1~1.5元/吨之间,有社会企业进入的43个地级市的供水价格平均值为1.45元/吨,无社会资本或是外资进入的118个地级市的供水价格平均值为1.48元/吨,略高于有社会企业进入的地级市的供水价格平均值。可以看出,社会企业的进入至少到目前并不是供水价格上涨的必然原因。

从上述分析来看,前期社会企业(包括外资水务企业)进入城市的供水领域目前还没有给供水价格上涨带来决定性的影响。因此,所谓外资进入导致水价飞涨的论断是难以成立的。

给战略性外资一个客观评价

根据外资的不同意图,外资水务(投资)企业可以分为财务型投资企业和战略型投资企业两大类。财务型投资者一般都不具备供水行业的专业背景,而是以获取市场投资的回报为本,通常是通过短期资本运作而获得高额利润。财务型外资企业的进入对于推动我国城市供水基础设施的建设和发展曾经起到了积极作用,但是财务型外资企业以资本运作为本、以短期投资回报为核心的特性决定了他们在中国供水市场中的短期行为特点,不能适应城市供水长期投资的产业特点。也因此引来回报过高的指责。

战略型外资水务企业通常拥有丰富的水务运营经验,具备良好的技术储备和专业的管理技能。他们了解供水行业及其市场的特性,不会将短期的投资回报收益作为其收益方式,而是希望通过投资获得服务市场,并通过长期的服务和稳定的现金流来获得收益。战略型外资水务企业对于其投资的项目会有长期的发展战略考虑,他们重视企业的技术革新、重视员工的各种培训、重视企业绩效水平的提高。

供水行业是城市的生命线工程之一,因而政府在选择合作企业时,不应过分强调资金的引入,而应当认真分析并判断其意图,选择信誉良好的、具有长期发展战略的专业型水务集团,这样可以降低一定程度的风险,对于以财务投资为重的企业则应当慎重考虑。

随着我国市场环境的不断完善,未来外资水务通过资本市场获得投资收益的机制也已经逐渐成熟,可以断言,未来外资对中国水务市场继续投资的积极性将大大提高。

中国水业进入资本拉动时代

水业是城市基础设施的重点投资领域,以其投资量大、沉淀性强的投资特征在城市投资结构中占有相当的比重。

目前,中国水业表现出旺盛的投资需求。一方面,随着中国经济的快速发展,城市化水平迅速提高,同时用水水质标准以及水环境要求也逐步攀升,水业设施(尤其是污水处理设施)出现能力不足的巨大供需矛盾,建设和维护资金缺口巨大,投资不足已经成为目前中国水业发展的主要障碍;另一方面,伴随着传统水业企业的改制和产权改革的全面展开,针对水业企业尤其是供水企业的产权投资逐渐成为资本市场的新宠。

总体上讲,中国水业的投资来源分两大类:一是不需要考虑资本收益的政府公益性投资,主要指来自税收和行政性收费的投入,二是社会资本通过商业资本市场对水业的投入。而社会资本的商业性融集与使用又有两类实施主体,一是政府,二是企业。

随着水业市场化工作的推进,水业的投融资正发生结构性变化。以各级政府财政为主导的公益性投资模式逐渐被以社会资本为主导的市场收益性投资模式所代替。水业发展也由原先计划体制下的技术引导转型为投资拉动。

中国水业的投融资结构主要由四方面的因素所决定:一是国家的经济发展阶段和行政管理水平,二是国家的政治经济体制和财政税收体系,三是资本市场以及金融服务机构的发育程度,四是水业投资供需矛盾的激烈程度。

中国水业投融资结构的沿革

伴随中国水业市场化的逐步推进,中国水业投融资结构的沿革可分为三个阶段:

第一阶段,20世纪90年代中后期以前,水业投资以政府,尤其是城市政府的财政收入、借贷以及由政府主导的行政事业性收费为根本支撑。这一时期市场化改革的政策尚未形成共识,投资需求比较旺盛,由于政府过去的投资惯性和水业公益性属性,水业的投资需求主要靠地方政府的财政收入勉力支撑。

第二阶段,20世纪90年代后期以来,随着城市化进程的加快,水业出现巨大的投资缺口,地方政府的财力已无以为继。根据测算,2010年前的水业建设需求超过5 000亿元,如果加上已有资产产权改革对资本的需求,总需求接近

10 000亿元。水业巨大的供需矛盾实质性地决定了水业的市场化方向,某种程度上,引入资本是地方政府推进水业市场化的根本动力。同时,伴随着中国经济体制逐步向市场经济转型,水业逐步走出纯公益性范畴。随着水价政策的逐步出台,资本市场和金融服务机构亦有所发展,以企业为主体的项目融资(如BOT、TOT等)和政策性融资(如政府开发专项基金、政策性银行信贷等)成为这一阶段水业融资的主要形式。

第三阶段,随着市场机制趋于完善以及政府角色转变的逐步到位,中国水业将逐步进入投融资结构的成熟阶段。规范的、市场化的资本市场将使水业的投融资结构得到优化,企业和政府将由此融得大量低成本的资金,尤其是通过债券和基金市场。近年来,以首创为代表的水业集团采取产权收购的形式实现投资扩张,已在某种程度上说明,至少从资本战略上,中国水业个别主流企业已经开始局部利用第三阶段的资本市场资源。另外,随着市政债券等以政府为主体的低成本商业融资工具的逐步推开,地方政府可能会一定程度地重返水业投资主角。

目前,中国正处于经济体制和管理体制的转型期,水业投融资结构总体上处于第二阶段。在体制上,国家明确了水业的市场化、产业化的改革发展方向;在财政税收体系上,保持了中央政府的强大调控权力,而地方政府几乎不具备任何有效的商业融资能力;在资本市场方面,则总体呈现为:金融工具单一、融资手段缺乏、投资保障薄弱。

基于中国投融资机制的现状,我们不难理解,目前发展迅速、资金需求巨大的中国水业,为什么会在各个层次上长期受到投资不足的困扰。事实上,水业投融资机制与水业市场化的进程密切相关。融资能力不足,是目前地方政府在水业市场化改革中出现许多普遍性问题的主要根源,主要表现为:低价变现水业存量资产；推卸和转嫁政府投资责任于公众，致使水价不合理攀升；通过企业债券等形式违规变相发行市政债券；通过行政干预，不合理侵犯商业投资人利益；侵占国有资产的管理者收购等。投融资问题已经成为水业市场化推进中的主要矛盾。

投融资能力已经成为水业竞争的核心能力

从企业市场竞争角度而言，投资不仅是开拓水业市场的决定性砝码，也是串起技术、工程、产品、运营产业链的有效手段。投融资能力已经成为水业竞争的核心能力，资金成为拉动水业发展的核心动力和产业纽带。

基于中国的水资源现状，缺水问题已经成为制约经济发展的瓶颈。水资源问题的战略地位在中国逐渐提高，中国水业投资的市场机会恰恰来自于中国经济的迅速发展、经济体制的市场化转型。水业投资向社会资本的全面开放，在以市政债券为代表的政府融资工具合法化全面推开之前，是不可阻挡的潮流。

历史上的英国、法国、美国等许多国家都曾出现水业私营与公营的多次反复，其原因有政府运营的效率因素，但其根本动机则是水业发展的资本需求与政府资本供给能力的失衡。当然，有信用的政府不会因为自己融资渠道的畅通而改变原来基于融资需求的特许经营的承诺，但确实意味着投资竞争的加剧。随着投资供需失衡的逐步减小，主要发达国家的水务集团在本土投资机会在减少。因此，不难理解，它们在经济转型国家的大规模投入，尤其是上海、北京、深圳等战略性城市的投入，以及它们对特许经营期限越长越好的战略性企求。

商业资本面临巨大机遇

中国水业在巨大需求背景下的投资拉动特征,使来自国际、民营、其他社会资本得以迅速进入水业并成为主角。国家对城市基础设施领域资本进入的放开,市场金融工具的丰富,以及传统企业的产权多元化的全面实施,将进一步加强资本在水业中的权重。

中共中央十六届三中全会明确了包括水业在内的垄断行业的市场准入,鼓励社会资本的进入;同时国家大力推行金融体制改革,鼓励商业金融的创新,客观上为企业主体开辟了广阔的融资天地。

同时,以建设部为主导的国家有关部门对水业市场化的大力推进,使商业投资在水业有了更加完善的盈利机制。改革弱化了水业的公益性特征,强化了水业(尤其是供水项目)的收益性特征。同时,市场化有序地推进,通过一些规范性政策,如建设部即将出台的特许经营办法,较大程度地削减了水业投资的政策风险。事实上,面对巨大的政策风险,水业投资的利好特征得以发挥的根本前提,是政策环境和行业竞争环境的规范性。

传统水业企业的产权改革产生了两方面的重大意义:一方面,"政资分离"将理清政府与企业在水业的资产关系,为政府资本和市场资本的补贴关系的建立打下基础,可以使资本市场的投资者避免与政府主体的低成本或无成本资金形成直接竞争;另一方面,也为社会资本对传统企业的产权收购扫清了障碍。水业板块因此成为当前证券市场上最具吸引力的成长性板块。

水业将成资本市场新宠

"十二五"将迎来环境产业高速发展的时期,国家对环保产业的重视,也将使越来越多社会资金通过私募基金渠道进入环保水务产业。而高 PE 值进一步吸引着投资人的关注,资金也将进一步向环保产业和水务板块集中。资本市场的关注也因此改变了许多企业对资本市场的态度。

上市公司纷纷闯入水务市场

由于水务关系到国计民生,再加上资金门槛高,因此上市公司对该领域的投资曾经受到了很大的限制。但是随着政策的放开,在巨大预期利润的诱惑下,上市公司纷纷挟巨资闯入,以图发展。

2002 年以来,首创股份、苏州高新、重庆实业、天津泰达、海鸟发展等上市公司纷纷进行水务投资,不少公司更是大规模变更募集资金,仅首创股份便投资 20 亿元之巨。其中,原来就以水务为主业的上市公司选择了明晰水务主业并谋求做大做强的战略。如钱江水利将水电资产剥离专注于水务;原水股份(现名城投控股)斥巨资逾 16 亿向上海市城市排水有限公司购买上海合流污水治理一期工程资产,从而整合下游资源,做强主业。而非水务主业的上市公司则以并购水厂或组建合资公司等种种方式介入,并且得到了不错的回报。如重庆实业组建南方水务公司并购买山河水厂,从而使其公司业绩同比大幅上升。2003 年 8 月,国内注册资本最大的水务公司——京城水务公司挂牌成立,首创股份以10亿元的资金获得了京城水务49%的股份。山东唯一的高校上市公司山大华特也把发展重点定位于中国水务市场,2003年在潍坊签约了第一个供水排水和管网一体化项目。

水务的巨大吸引力来自于其巨大的预期利润。水的生产和供应关系到国计民生,和电力、煤气等行业类似,都属于公用事业的范畴,具备防御性行业的特点,产品需求相对稳定,受经济周期的波动影响很小,整个行业具有良好的流动性和回报稳定的特点。

水务业包括自来水的生产和供应、排水及污水处理等,这些业务形成了一个相对封闭的产业链。从产业周期的角度来讲,水务业属于新兴行业,无论是从我国还是从世界范围来看,供水和水处理都处于快速发展阶段,这一点从境内外水务上市公司较高的市盈率可见一斑。资料显示,国内水务主业上市公司的利润率在同期的上市公司之中名列前茅,其优良的业绩也成为良好的支撑。

值得关注的是,上市公司的扩展战略有三个特点逐步显现:一是逐步实现跨区域经营;二是拓展水务产业链,同时涉及供水、污水处理业务的企业日渐增多;三是投资力度和规模不断加大。

水务上市公司的市场表现

目前在我国A股市场的环境类上市公司中,自来水生产和销售业务和污水处理业务收入占企业营业收入30%以上的共有12家企业,分别是首创股份(600008)、南海发展(600323)、武汉控股(600168)、中山公用(000685)、钱江水利(600283)、创业环保(600874)、中原环保(000544)、锦龙股份(000712)、洪城水业(600461)、国中水务(600187)、兴蓉投资(000598)和重庆水务(601158)。其中,钱江水利、锦龙股份的水务主业为供水业务,创业环保、中原环保、兴蓉投资主营污水处理,其他企业则两者并重。此外,城投控股(600649,曾用名"原水股份")的水务业务也是其主营业务之一,2010年中期该业务收入超过了其主营业务收入的25%。

平均来看,上市公司水务业务的盈利水平很高,毛利率和净利率都十分可观,但因其资产负债率偏低,致使其净资产回报率相对偏低,这一点与成熟市场的水务公司有较大差距。

为了提高业绩,水务上市公司有必要扩大财务杠杆,利用其融资优势通过各种融资方式扩大自身规模,拓展业务范围,抢占优质水务资源,比如可以在原有水生产业务的基础上,通过购并控制本地的自来水公司和排水、污水处理厂,实现自身的滚动发展,为迎接新的市场竞争形势做准备。

可以相信,在政策的大力支持下,随着水务市场的不断成熟,水务上市公司将有着巨大的发展空间和机会。

新一轮水务上市潮即将上演

近年来,地方政府基础设施融资平台的力量不断减弱,地方融资平台银行贷款被收紧,城投债的发行亦受到限制,从而导致地方政府为基础设施建设进行融资的途径越来越少。为了完成投资任务,地方政府必须寻找新的融资途径,而上市就是非常有效的途径之一,这也迎合了近期社会各界积极引入社会资本的呼声。因此,通过上市方式进行融资将受到地方政府的加倍重视,新一轮的地方水务公司上市融资潮即将上演。

最近,在地方政府的主导下,大型地方水务企业不断问世。它们依赖政府背景、水务资产规模和地利的优势,加紧引进符合市场竞争的机制,在市场竞争中逐渐发展成为城市水务市场的主力军。它们的目标市场是大中型城市的水务项目,包括水源、供水、排水和中水回用体系的整体兼并和建设。深圳水务、珠海水务等,就是这些地方水企的代表。

2009年6月挂牌成立的珠海水务集团,是以原珠海市供水总公司为主体进行重组,承接了以往由珠海市政府运作的垃圾无害化处理、垃圾发电、堤围、河渠建设、管理、投资等六大业务,是内地第一个经营环保事业的"大水务"集团。

值得一提的是,珠海水务与A股市场也有着密切的关联。2011年1月8日,上市公司力合股份(代码:000532)发表公告,确认珠海水务集团有限公司已经获得珠海城市建设集团有限公司无偿划转的3 466.516 2万股力合股份有限公司的股份,成为力合股份的第一大股东。可以预期,未来珠海水务将会借力这一资本平台,谋求更大的发展。

A股市场必将催生民族水务龙头

资金的注入,必将促使优秀企业快速发展壮大,加速企业分化和集中。另一方面,随着环保水务产业的进一步发展,市场机会在增多的同时,政府的监管也越来越严格。对于水处理企业来说,原来通过偷排、利用不规范竞争来获利的机会在减少,在这种情况下,一些管理不到位、靠投机取巧盈利的小规模公司,会出现向大集团集中的趋势,产业集中趋势明显加剧。

水务市场本身就具有风险低、回报稳定、利润相对较高的特点。大型水务集团在对城市水务资产收购时能积累深厚的政府资源,不但可以有效通过对水价上涨进程的约定与服务范围的约定来降低长期投资的风险,而且很容易在单个城市或者城市群间形成同类项目的联动收益,还可能使一些非关联的投资项目回避竞争机制,获得预期以外的额外回报。

可以预计,随着国内水务市场的发展,一批跨地域的、具备一定自然垄断地位的水务集团将会不断浮现,从而形成新的市场竞争态势。在这个过程中,必将催生出一批民族水务龙头。

2

水资源的价值认知

越来越珍贵的"生命之源"

水是一切生命的源泉,是维系生命的物质。水资源是人类生活和生产活动中必不可少的物质基础和战略性经济资源。随着人们对水资源重要性的认识不断深入,水资源已经成为越来越珍贵的"生命之源"。

全球水资源概况

世界工农业生产水平的进步、社会经济的发展以及全球人口的增长,使全球水资源的消耗越来越大,世界用水量逐年增长。在人口剧增和工业膨胀背景下,水的需求日益增加。而水的供应则由于污染,地下水的下沉以及气候的变化而正在萎缩。联合国2006年《人类发展报告》指出:人均水可用量在未来20年将持续下降。2009年达沃斯世界经济论坛年会报告指出:全球将在20

年内陷入"水资源破产"(Water Bankruptcy)的困境,水也会变得比油更有投资价值。

全球总水量共有 13.86 亿 km³,咸水占 97.5%,淡水仅占 2.5%。淡水中,两极冰川及被冰雪覆盖的高山和永冻层中淡水占 68.7%,深层地下水占 30.1%,虽然地下水是地表水数十倍,但是目前技术条件下无法大规模利用。容易利用的淡水仅占淡水总量的 1%,约占地球总水量的 0.026% 左右,而可以直接利用的淡水仅占淡水总量 2.5%。地球淡水储量仅占地球水储量的 2.5%,而参与全球水循环的动态水量又仅为淡水储量的 1.6%,约为 577 万亿立方米。人类开发利用的主要对象是其中降落在陆地上以径流为主要形式存在陆地淡水资源,约为 43 万亿立方米。除去以暴雨和洪水形式出现的降水,真正可被人类利用的淡水资源约 12.5 万亿至 14.5 万亿立方米,不足地球水储量的 1%。全球人均易于利用的淡水约为 2 000 至 2 500 立方米。

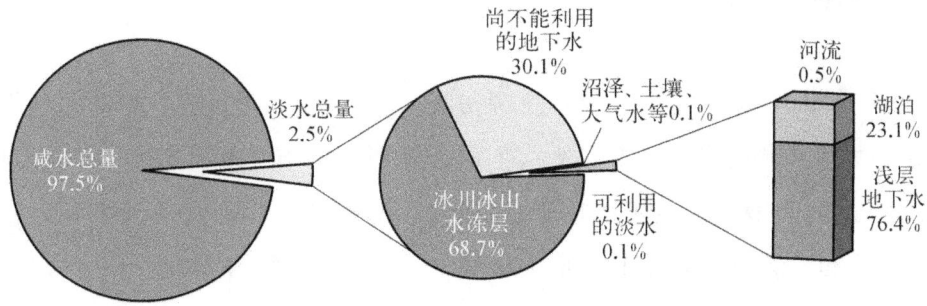

图 2-1 全球水资源分布

地球上水资源的分布很不均匀,各地的降水量和径流量差异很大。全球约有三分之一的陆地少雨干旱,而另一些地区在多雨季节易发生洪涝灾害。

由于气候和降水的不同,全球淡水资源分布极不平衡。按地区分布,巴西、俄罗斯、加拿大、中国、美国、印度尼西亚、印度、哥伦比亚和刚果 9 个国家的淡水资源占世界淡水资源的 60%,而约占世界人口总数 40% 的 80 个国家和地区的人口面临淡水不足。

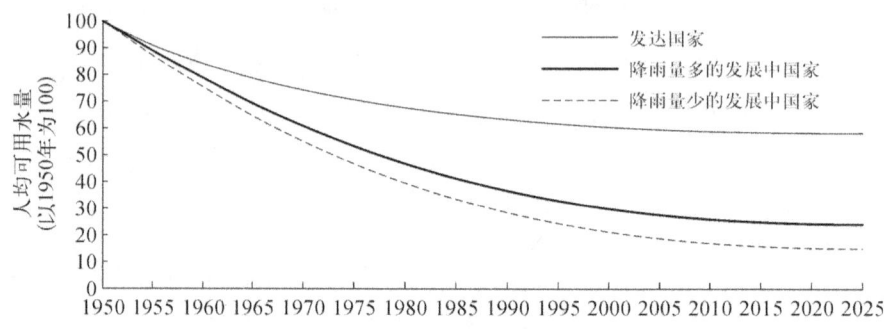

图 2-2　全球人均可用水量持续下降

中国水资源的总体状况

一般认为,中国是人均淡水资源贫国,其基本特点体现在:水资源可用量、人均和亩均的水资源数量极为有限,降雨时空分布严重不均(70% 的降雨集中在夏季和秋季),地区分布差异性极大。我国年降水量约为 61 900 亿立方米,相当于全球陆地总降水量的 5%;地表水年径流量约为 27 115 亿立方米,居世界第六位。但由于我国人口众多,按人均年径流量计,仅为每人每年 2 100 立方米,不足世界平均水平的 1/4。

从地区来看,水资源总量的 81% 集中分布于长江及以南地区,其中 40% 以上又集中在西南五省区。总的来说,我国北方属于资源型缺水地区,

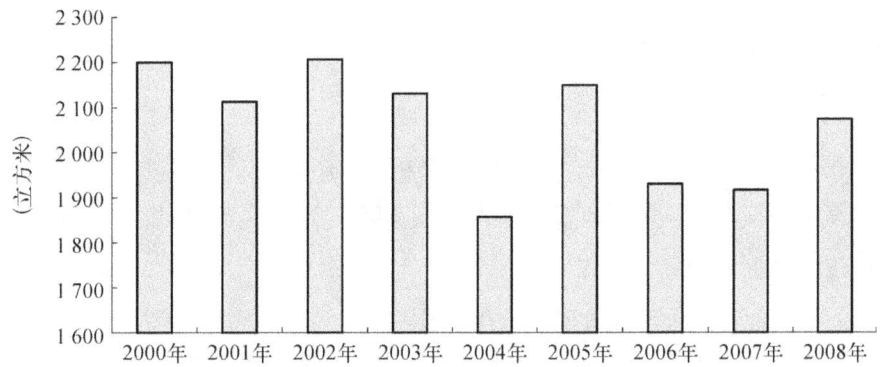

图2-3　全国人均水资源量(2000—2008年)

而南方地区水资源虽然比较丰富,但由于水体污染,水质型缺水问题也相当严重。目前,水资源短缺问题已成为制约我国经济社会可持续发展的严重因素。

工业化和城市化进程的加快造成淡水资源的污染和减少,同时增加了水资源的成本。因为这些城市远离洁净水源,必须通过长距离管道和泵站进行调水。此外,城市的污水处理设施严重不足,中国每年排放的城市污水超过1 600亿立方米,但其中仅有34%的污水得到回收和处理,其余部分被直接排放,这对现有水资源造成严重污染。未经处理的生活和工业废水已经成为城市的最大污染源。目前,中国有一多半城市处于长期缺水的状态,其中有100座城市面临着严重的缺水问题。随着城市化进程的加快和不断增长的用水需求,这一问题变得越来越突出。

由于人口增长、工业化和环境污染,中国面临着水资源短缺和严重的水污染问题,在供水服务和政府水资源管理上都需要得到外部的参与和帮助,这给国内外的供水公司提供了巨大的投资机会。

对中国水资源的认识与反差

谈到中国的水资源,最常见的论点就是:中国是一个干旱缺水的国家,淡水资源总量约为 27 000 亿立方米,人均约 2 000 立方米,仅为世界平均水平的 1/4,在世界上名列约 120 位。

在上述对我国水资源的评价方法当中,隐含了一个很少有人注意的前提:这种评价方法是在传统水资源总量定义的基础上得到的,即评价区内当地降水形成的地表、地下产水总量,由地表水资源量与地下水资源量相加、并扣除两者之间互相转化的重复计算量而得。该方法中不考虑评价区之外的客水资源,其理由是一个地区的发展应该立足于自产水资源保障可持续发展,统计客水会影响客区的发展权。

这样的计算方式,在应用与实践中却造成了一些困惑。分析以此计算方法为基础的各地水资源公告,我们发现上海的人均水资源量为 200 m^3/人,仅为北京人均水资源量的 2/3,是世界平均水平的 1/40;位于江南水乡的江苏省的人均水资源量只有 630 m^3/人,属于严重缺水地区;而在干旱的新疆,其人均水资源量是 4 120 m^3/人,按照联合国的标准则属于富水地区。显然,这样的评价结果有悖于人们感官的基本常识。

但是,这个形成中国缺水总体认识的评价方法却是国家众多需水战略工程论证和实施的最为重要的前提和基础,包括数十个大城市的远距离调水,以及规模宏大的南水北调工程等。此外,以此评价方法为基础,还包括许多以地区水资源承载力为基础的经济发展规划,以及投资巨大的重点流域水资源规划等。

另一方面，我们又看到，这个运用于需水规划的评价和指导方法在具体城市的用水规划中，却有另外一番天地。事实上，大城市几乎无一例外地在各自的城市用水规划中考虑并使用了客水，如北京利用了河北的客水，而长江沿线的城市几乎无一例外都不同程度地利用了长江的客水。

水质是城市水资源的核心

那么，如何才能建立一个更为科学也更为实用的水资源计算方法呢？让我们先从水资源的特性谈起。

水资源具有循环再生特性

水资源与石油、矿产资源一样是宝贵的自然资源，但是水资源因为具有循环再生的根本属性，使其有别于石油、矿产等不可再生资源。但是，这种循环再生性质受制于水的自然循环和社会循环特征。

在水的自然循环之中，水以不同的形态存在于不同的空间，而水资源则是在水的自然循环各环节中所呈现的人类可以利用的部分。人类对于水资源的提取、净化、利用、排放作为社会循环，则容纳于自然大循环之中。

水的再生主要有两种形式实现，一是在自然循环过程中通过汽态、液态状态的转变实现了自然再生，这个循环受制于气候的变化规律，二是在液态状态下由于水质的变化而实现的污染与净化再生，这个循环受制于社会循环和自然循环的共同作用。

在多种形式的水资源人类利用中,农业灌溉与利用,与水的自然循环相互交融,利用过程中并行着水的吸收、渗透、蒸发等自然循环现象。农业用水所提取的水量一般不直接返回水体,而是通过土壤渗透、植物吸收、蒸发等过程转移,这样就造成了水资源在农业利用中流失的感官印象,所以一般通过水的加碱计算来农业水资源利用总量。从这种角度理解,农业利用可以作为水资源自然循环的子系统。

但是,人类以城市用水和工业用水为代表的社会用水却有很大的不同。社会用水的大部分活动在封闭管道体系中进行,人类社会在进行自然中取水、用水的过程时,与自然循环有着较为清晰的界限。用水主体对水资源的取用不会消耗水资源的"量",也不会改变水本身基本的化学物理特性,所改变的是水的"质",这也是水资源区别于石化资源的关键点。

在城市用水和工业用水比例高的区域,其水资源的总量计算,就已经跳出简单、静态的不同区域和不同类型的水量加减概念。对于水资源社会利用角度而言,水量盈缺仅是在一定的时间和空间尺度内所形成的结果,在长期的时间尺度以及整体流域的范围之内,水资源会保持一定"量"的稳态供应。

一般而言,由于城市用水并非完全封闭,城市取用一吨原水净化为自来水使用后,80％的用水量形成污水(这也是我们规划中通常采取的计算标准),其它的水量则通过其它不同渠道返回自然循环。

以量为指标,来衡量不可再生资源是可行的,我们可以通过总量的稀缺程度来衡量其资源价值;但是,对于具有循环再生特性的水资源来说,以量为唯一指标的资源评价模式并不适合,尤其是针对城市用水问题。而中国缺水的难点和重点恰恰是在城市。

由此,我们对水资源的认识概念提出新的挑战——中国以城市发展为重心的水资源稀缺从本质上来说,是一种"水质"的缺失,水资源的再生特性从根本上也是水"质"的问题,水质成为评价水资源的决定因素。

决定水资源再生循环的要素

水资源水质再生的核心,是让使用后的改变了水质的水通过净化再次具有自然原水的水质特征。要想达到水资源的水质再生循环,就需要有时间、空间、温度等要素的保证,这些要素来自自然和人工两个方面。

(1) 水资源循环自然再生的生态环境要素

"流水不腐"正是告诉我们水质修复的自然规律,而水资源也是一个具备"时间"和"空间"的概念,"流水"就是水自净、去除污染物、恢复水质要求的一个过程。

水资源的水质循环是一个以水质变化为核心的修复过程。在人类活动对水资源扰动小的地区和时期,自然修复是完成水质再生的主导因素。水体的自然净化需要一定的水生态系统、动态流量、温度和时间作为保证。中国特有的河流长流经、大流域、高落差、高流动性特点,赋予了中国河流水资源良好的自然水质修复特性,为水资源的水质再生和多次循环利用提供了良好的前提条件。

(2) 水资源的人工水质修复——污水处理

但是,随着人类取水量的加大、排水水质成分的复杂化和日益恶化、尤其是工业废水中所产生的大量自然难以消纳的污染物质,人类活动对自然水资源造成的污染扰动日益加大,仅仅靠水体的自然净化已经难以实现水资源的水质恢复。因此，污水处理作为一种人工强化的水质修复过程，开始进入水质循环的环节当中。污水人工处理的本质就是要通过来自人工外力的帮助来缩短水资源水质循环和修复的自然空间尺度和时间尺度。

城市从自然水体中取水，净化为自来水，是一次水质净化过程；自来水经过使用转变为污水的排放过程是一次污染过程；而污水经过污水处理厂净化向自然水体排放则是一次消除污染的过程，污水处理厂排放的高度净化的处理水经过自然水体的进一步自净又成为再生的原水，这一完整的过程就形成了现代的水质再生循环。可见，污水处理是这一循环过程中的重要环节，处理后排放的水质标准越高，则对自然水体的再净化所要求的时间就越短、空间就越小。

基于水质的水资源模型

在强化了水资源的再生循环特性后，我们认为需要从"水质"的角度来评价水资源，并提出了基于水质的水资源模型。

基于水质的水资源模型基于以下假设和观点：

1. 水资源作为一种重要的自然资源，在流域范围内其水量上保持相对稳定。

2. 在以水质为核心的水循环过程中，人类对水资源的取用并非是简单的消耗，而是一个"借"与"还"的过程。

3. 水资源的"借"与"还"受到不同因素的限制。"借"是指各用水主体通过不同形式取水，将受到总量的限制，限制的基数包括客水和上游用水主体返回的再生水；"还"是指各用水主体将水量返还水体，将受到水体能接纳的水质标准的限制。

4. 为了能够达到接纳水体的水质要求,"借"水主体需要对使用后的水进行不同程度的人工处理,使其所"归还"的水量通过自然净化,可以最终实现水质的还原和水资源的再生。

由此,在基于水质的水资源模型假设之下,水量不再成为水资源稀缺的绝对约束条件。我们将水质平衡作为水资源模型的特征变量,将流域内各地区或城市可以利用的基本水量作为基数,把当地污水处理的技术水平和循环利用次数作为乘数,计算水资源的可利用总量,并计入传统水资源总量。在这里,可再生循环的基本水量(可用量)是评价地区或城市水资源丰度的基础值,它是一个城市可以提取的水资源总量,它以该区域包括客水在内的所有水资源为基数,其所占比例决定于流态和温度等因素,不同流域不同。

但是,任何模型的提出,均需要有一定的边际条件限制,基于水质的水资源模型适用于以下范围:

1. 模型适用于总量稀缺的流域和地区;

2. 模型针对城市用水提出,不适用农业用水的分析,因此适用于城市用水占主导的流域和地区;

3. 由于"借"与"还"的数量并不完全等量,所以水质再生的次数会受到限制;

4. 模型中水资源总量的核算单位为流域或城市群。

应用这一水资源模型,我们认为,在中国城市集中、人口密集的地区和流域,解决水资源问题的关键在于水质的控制,而不仅仅是水量的简单满足;如果能够实现最大限度的人工净化,就可以缩短水资源再生的时空尺度。在基本的水量保证的前提下,水资源是可以有限制地多次重复使用的。

为了保障基本水量,水利工程设施的建设和水量分配需要兼顾自然再生过程所需要的净化基本流量;水资源量的循环本质上是一个"好借好还"过程,上游用户排放的符合环境接纳要求的水质,是下游用户"好借"的基础。

水资源模型应用的流域尺度

水资源的循环使用存在着家庭、小区、城市和流域不同的空间尺度。在家庭内部将洗涤用水用于冲厕,是一种家庭节水措施;在小区将"灰水"应用于小区绿化,是一种水的综合利用措施;在一个城市中将污水深度处理后回用于工业,是污水回用措施;在流域中上游的排水经过人工处理和自然净化成为下游的水源,这才是水资源的再生。

因此,从流域的上下游水资源共享与协同角度来看,流域尺度最符合自然水体的水质循环再生规律。首先,在自然状态下,水资源自上游流向下游水的总量保持一定平衡,取水、用水、排水所产生的变化主要是水质的变化;其次,上游用户的排水是下游用户取水的基础;第三,污染治理和再生复原环节由上游用户完成,下游用户受益。第四,流域协同才能有效保证水体的流态,下游用户的受益,也必然惠及上游用户。

如果不能在流域尺度上考虑水资源的循环再生,必然造成流域上下游各自为政,盲目拦截水资源,各个地方通过污水最大限度的回用实现本地区的水资源的闭合循环利用,没有提供给下游用户一定的水质再生基本流量,剥夺了下游用户的再生权利。离开流域协调,在单个城市实施的被称为"再生水"而实质上是污水回用的工程规划,只会考虑自身的环境利益和自己的资源利益,难以顾及下游的资源需要。

再生水战略的重新定位

极度缺水的以色列通过20多年的投资和努力,水的再生率达到70%,这受制于其有限的国土面积,没有实现再生所需要的足够空间,因此其只能加强人工处理,来最大限度地缩小再生所需要的空间要求。

相对而言,中国水资源水质再生的自然条件要优越得多,长流域、大水量都提供了非常好的水资源再生条件。但是有两种因素束缚了我们的水资源水质再生,一是不到位的污水处理排放,极大地降低了我们的再生能力;二是水资源管理的地域分割,缺乏流域协调。第一个因素容易理解,而第二个因素已经成为水资源再生利用的关键制约,因为实际工程规划和政策文件中,再生水战略已经被地区污水回用所替代。

污水回用不是真正达到水质目标或环境功能要求的再生水。污水回用将经过二级处理、符合基本环境标准的污水,纳入区域内直接回用,形成了"有借无还"的局面,造成了径流的进一步减少,虽然一定程度上控制了污染的转移,但无法满足再生水所需的水体自净基本流量,使河流失去新一轮循环再生的补给。随着河流生态净化基本流量的丧失,将进一步增加下游"借水"的再生复原的边际成本,导致全流域水资源的人为紧张。因此,污水回用(包括中水利用)实际是一种降低需求的措施,而再生水则是一种增加有效总量的措施和战略。

水质经济学的基本内涵

在基于水质的水资源模型之下,流域水资源总量不仅受制于传统水资源总量,而且受制于取水主体循环利用水资源的次数和利用量,而循环利用的次数,又取决于用水主体所排放水质的优劣以及水量损失的比例,而排出水质的优劣取决于处理单位的经济成本。

因此,水资源的核心是水质问题,而水质问题的核心是净化成本问题,净化成本是经济问题,我们将基于此模型的经济分析称为水质经济学。

水质经济学的主要思想

在传统的水资源模型中,由于忽略水资源的水质循环再生属性,将水资源简化为单向取用,这种模型中水资源的价值由两个因素决定:一是水资源总量稀缺的程度,二是通过调水增加区域水量的经济成本。

而基于水质的水资源模型,则将水资源的循环再生量计入到水资源总量中,且流域越长,再生量所占比例越大。在这个模型中,水资源的稀缺不是简单水量的稀缺,而是附加在水量之内的水质变化所造成的可用水量的稀缺。

从这个角度来说,在流域水资源总量稀缺,但是能够满足单体取水不影响生态流量的背景下,水资源的价值并不仅由总体稀缺程度所决定,而由再生水所需基本净化流量的配置机会成本在内的全成本价值决定,也就是包括水质还原或部分还原的经济成本在内的全成本价值决定。

在已经总量稀缺达到不能满足单体取水的流域，才需要跨流域调水，在这种背景下，水资源价值首先取决于调水的成本，其次附加水质还原或部分还原的经济成本。

水质的还原价值，从系统热力学角度来看，由清变浊是一个系统熵值的增加过程，水质的还原则是一个通过外界能量的输入减少熵值的过程。因此，水质还原的经济价值本质上应是水质变化的能量消耗成本。

基于水质经济学的服务和价格模型

水质经济学概念的提出还将促进城市水业产业性质的明确，因为城市水业所进行的正是水质净化的环境服务，其服务价格本质上并不受到水量的影响，而是受改变水质的成本影响。也就是说，城市水业产业链中的各个主体购买或者出售"水"本身，而是转化"水质"的商业或者公共服务，污染了水质就需要付费，而净化了水质则获得收益，在此，服务收费的表现则是水价。

目前中国的水价结构中由三个部分组成，分别是基于稀缺的资源价格（水资源费）、基于成本的工程水价（引水和供水）和基于环境达标的环境水价（污水处理和污泥处理费）。

在水质经济学中，以水质变化为主线的水循环过程所发生的服务成本，将以新的组成内容统一纳入到水质经济学的价格体系中。它们分别是：通过人工污水处理，使水质还原到自然水体可以接受的成本价格（资源再生价格）；水资源提取、净化和服务的工程服务价格（工程水价）；水体再生水所需基本净化流量的配置调水直接成本和机会成本价格（流量补偿价格）。在这个价格模型下，服务企业或者机构根据服务的质量收取相应的价格。

水资源总量的理论值与经济值

按照基于水质的水资源模型,如果包括客水的评价区的水资源总量能够满足城市或工业的单体取水总量要求,那么如果单体排出的水质和水量满足流域水质自然净化的需要,该区域不存在水资源量的制约,制约的只是水质净化和还原的经济成本。

但是这仅仅是个理论假设,实际应用基于水质的水资源模型进行实际水资源核算时,则需要考虑以下因素。首先是返回量的制约,即取用水量排回自然水体的比例,排回水量的减少,对下游单体取水量形成了制约;二是取水量的制约,即汲取水量所占总流量的比例,它决定了自然水体的自然水质净化的能力;三是空间制约,即上下游不同取水单体之间的距离,它也是自然水质再生的决定因素;四是排出水的水质,它决定了自然水质再生的时空要求;五是温度、地质、生态等自然因素的制约。共同考虑这些制约因素的作用后,我们可以计算出被评价区域的可利用水资源的理论值,也是生态允许的最高值。

这个实际值并不能在实践中简单应用,它还受到经济成本和水价等因素的制约。我们把考虑了经济成本因素的核算值称为水资源的经济值。一般而言,满足模型要求实现水质人工净化的成本越高,水价越低,水资源的经济值越小。

缺水等级划分的新思路

在基于水质的水资源模型之下,特定区域的水资源缺水等级将以新的方式进行划分。

在以水质为核心的水资源模型中,我们在不影响流域生态功能的前提下,将是否可以短期"借出"符合取水水质要求的、满足区域经济发展水量要求的水资源,作为流域内一定区域或城市是否缺水、是否需要跨流域调水的基础和评判标准。

在此基础上,将流域水体的净化("好借")成本和人工水质改善("好还")成本共同形成的全成本高低来表征流域水资源短缺的程度,并进一步用等级来划分水资源稀缺的等级。

因此,在具体划分等级时需要考虑两个方面的因素:一是满足地区需要取用的水资源总量的生态流量保障成本,包括可能的、适当的调水成本,这一成本将受到客水日最低流量的制约。二是污水处理还原成自然水质再生能够接纳用水的全成本,这一成本受到下游取水距离、生态流量、下游取水要求的制约。

总之,基于水质的水资源模型和水质经济学针对目前水资源模型中社会属性关联度不足的问题,在特定的条件下,通过水质这一桥梁,实现了水的自然循环和社会循环的统一,实现了水在自然属性与社会属性的有机关联,也进而实现了水质与水量的统一。

当然,基于水质的水资源模型和水质经济学是刚刚提出的全新概念,其理论体系远未完善。我们希望和相信,这一针对中国水资源特征而提出的全新理念,会在关于水资源的经济、产业、管理以及环境政策领域中得到进一步的修正、发展和应用。

3

我国水业的产业发展

水务行业是指由原水、供水、节水、排水、污水处理及水资源回收利用等形成的产业链,水务行业随着社会的发展而不断发展,已经成为社会进步和经济发展的重要支柱。水资源的整体稀缺,以及人们对水务行业重要性的深刻认识,都极大地促进了水务行业的快速发展。

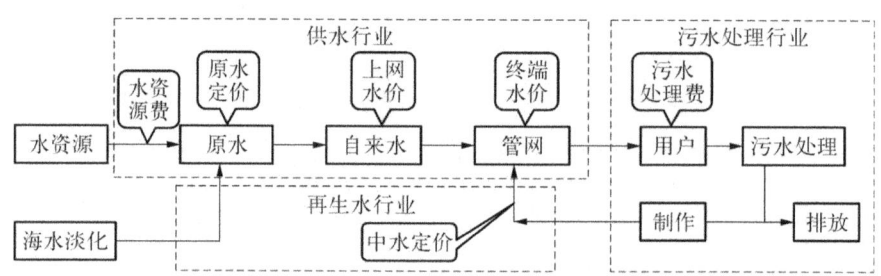

图 3-1 水务行业的组成

目前,在全球范围内,水务行业都已基本进入成熟阶段,各种供排水设施齐备,供应充足,且应用范围广泛。其中全球大部分的自来水和污水处理设施都集中在北美、澳洲、西欧及日本等发达国家和地区,其中北美、澳洲等地区的供水和污水处理设施已基本做到全覆盖。

我国水业的发展历程

我国水业传统上一直由政府垄断经营,几乎无市场可言。它有两个突出特点:一是政企不分,城市供水的生产、经营、投资基本由政府包办;二是水价由政府制定,价格不能反映价值规律。

20 世纪 90 年代以后,传统经营体制逐渐陷入了举步维艰的泥沼,政府对供水专营权的逐步放开和水价的逐渐上涨成为形成水务市场的两大要素,我国水务市场的巨大潜力逐渐凸显。

水业发展的四个阶段

我国水业由原来的政府主导型的市政公用事业,逐渐引入市场机制,实现产业化转变,企业主体得以发育和成长,总体上经历了四个阶段。

从产业的角度看,1995 年之前的水业我们称为设备时代。设备时代的水业由政府控制着服务和工程,让渡给市场主体的主要是设备市场。

1995 年之后,许多原来事业单位运作的产业环节开始逐渐进入市场,如设计院开始事业单位企业化经营,政府把技术集成、工程服务这几个重要环节放进了市场,同样带动了水业产业的升级。水业一大批有名的、有影响的工程公司,包括桑德工程、金州工程等,都产生于这个时期,现在仍然有大量的成立于那个时期的工程公司活跃在水业的主战场。这个时期我们称为技术拉动时代,是一个以技术为产业核心的时期。

2000年左右,城市化迅速发展,各级政府普遍出现建设资金短缺的问题,水业因此进入资本拉动时代。说这个时期是资本拉动时代,是因为几乎所有的市场项目都以资本为核心,政府在对待市场主体时,首先看的是企业有没有资金实力,资金成为企业获得市场的前提。这时出现三类企业主体,一类是纯粹的财务公司,他们通过固定回报等间接借贷的财务投资模式获得市场收益,之后,随着国家政策方向的调整,部分企业因此退出了中国市场,如香港国泰;第二类是以运营服务或工程服务为专长对专业公司,他们在那个时代下的逼迫下,也做了一些以投资为核心的项目,如中法水务和威立雅水务,它们在2002年、2003年以后成功进行了转型,转回到了自己所专长的服务领域;第三类公司是这个时代的幸运儿,资本拉动时代为资本能力高的企业提供了机会,这些企业凭借资本迅速进入水业市场,如首创股份,迅速发展成为最有影响的代表性公司之一,逐渐进入了水业主流市场,提升了自己的综合能力,它们是水业资本拉动时代的产物。

2005年之后,我国水业进一步进行升级。因为水业市场的规则开始完善,监管开始严格,竞争逐渐激烈。因此,从2006年开始,我国水业不再完全以资本环节的优劣决定市场胜负,而是要求市场主体系统关注技术、运营、资本、设备配套等各个环节。

水业的三种主要产业形态

目前,我国的水业主要具有三种主要产业形态。

一是设备制造业。水业作为设备制造业,是主要的产业形态之一,也是最为通用的产业形态。目前,许多国家水业服务市场仍然没有完全对社会主体开放,比如新加坡,包括自来水服务、污水处理服务在内的水业服务,仍然由政府机构垄断经营,因此,其水业产业形态上是典型的设备制造业特点。水业的设备制造业特点在许多国家具有普遍性,水业的设备制造业因此具有很强大的国际性,我们可以看到 GE、西门子、ITT 等一大批国际著名企业的市场身影。

水业第二种通行的产业形态是工程建设业。目前中国水业的主管部门仍然是建设部门,从中可以看出中国水业仍然保持着显著的建设业特点。无论是政府文件还是市场上,一提到中国水业的市场规模和吸引力,就会直接关联到投资需求的规模。应该说,在我国城市化快速发展的背景下,建设业仍然是水业核心的产业形式,建设投资需求也就是中国水业最大的市场需求。

但是,中国水业更长远的产业形态却是环境服务业。一般而言,服务业的比重是一个产业发育成熟程度的标志,对于环境产业和水业也同样如此。为什么呢?截至 2008 年 6 月,我国的城镇污水处理厂已经超过 1 400 座。污水处理厂建好了就需要运营服务,从产业形态的重心上,就会从以前的工程建设业,转入设施运营服务行业。因此,水业越发展,服务业的比重就会越大。在发达国家,在水业产业成熟的国家里,水业主要的形态是服务业,一般占到 60% 以上。设施建设是水业产业化发展中的一个重要的过渡环节,水业的稳定产值和现金流靠的是供水服务和污水处理服务的稳定费用。因此,服务业是长久的、稳定的,虽然因为节水会造成人均用水量逐步减少,但是需要自来水和污水处理服务的人口却随着城市化的深入而在不断增加,所以,水业作为服务业的总体产值也是在每年增加。另外,从水价的总体趋势上看,全球范围内的水价整体趋势也是在不断上涨之中。

水业虽然有三种主要的产业形态,但是,水业主业作为环境服务业的存在形式是长久的,以制造业和设备业为主业则是阶段性的。对中国而言,建设业作为水业主业,仍然会持续5～10年,但是之后,水业的产业比例将会发生逆转,运营服务业会成为主流。

我国水业的市场规模

分析中国水业的市场规模,可以分成服务业和工程建设业两部分。

在运营服务方面,近十年来,我国供水综合生产能力呈稳定的增长趋势,截至2008年底,全国供水综合生产能力为2.66亿立方米/日,十年间的平均增长速度为2.45%,快于供水总量的增长速度。

表3-1 中国水业的供水综合生产能力(1999—2008年)

年 份	综合生产能力(百万立方米/日)	综合生产能力增长率(%)
1999	215.52	2.67
2000	218.15	1.22
2001	229.00	4.97
2002	235.46	2.82
2003	239.67	1.79
2004	247.53	3.28
2005	247.20	−0.13
2006	269.62	9.07
2007	257.10	−4.64
2008	266.04	3.48
平均值	242.53	2.45

资料来源:中国水网——《2009年中国水业市场研究报告》

近年来，水源污染与水危机引发了安全供水新课题。由于2007年中国太湖、巢湖以及滇池相继爆发的蓝藻危机，2008年湖南怀化硫酸厂泄露污染饮用水造成千人中毒等一系列事件，人们开始了对"水危机"的思考。2007年8月22日，国务院通过了由国家发改委、水利部、建设部、卫生部、国家环保总局联合编制的《全国城市饮用水安全保障规划》，提出了解决城市饮用水安全问题的远近期目标。其中，"十一五"期间重点解决水量不足和水质尚未达标的城市及问题突出的县级政府所在地城镇饮用水安全问题；到2020年，全面改善设市城市和县级城镇的饮用水安全状况，建立比较完善的饮用水安全保障体系。

水质要求的提高对供水成本提出了新要求。提高供水水质要求是一个全球趋势，也是经济发展后人们生活水平提高的必然结果。随着2007年7月《城市供水水质标准》(CJ/T206-2005)和2006年《生活饮用水卫生标准》(GB5749-2006)的颁布和实施，自来水水质检测项目由过去的35项增加到106项，并要求在2012年7月1日前全面达到标准。

新水质标准必将对我国现有供水设施提供出更高的改造要求。对于自来水厂来说，水质标准的提高会使其在水处理工艺与改进管理方面的成本增加。根据中国水网《2008年度中国水业市场研究》预测，预计到2015年，因水质提高，自来水厂所面临不同程度的工艺升级改造的投资需求约为300亿元。随着行业改革的深入和水业市场服务的全面普及，水业服务的范围会持续扩大。当城市化率按照规划在2020年达到65%，当服务人口增加到近8亿，当价格逐步理顺，水业的运营服务业稳定产值将达到约2 400亿元，其现金流会超过工程建设的市场，成为国民经济的重要支柱。

在工程建设市场方面，按照国家的规划，中国水业未来5年仍然是工程建设的高峰期。在供水和污水处理的设施新建和改造上,需求量还是相当大的,建设业和运营服务都会不同程度地拉动设备材料业市场的发展。

从1999年到2008年,我国供水管道长度翻了一番,由23.8万公里增长到48.0万公里,年均增长7.9%。随着供水管网的不断建设,我国供水服务的覆盖范围得以大幅提升,但管网老化引起的漏损问题尚未得到有效解决,旧管网的升级改造也将是一个长期的过程。

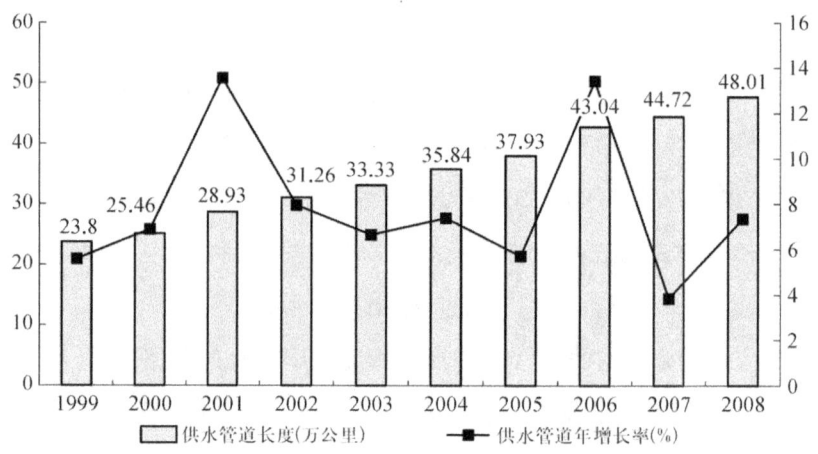

图3-2 我国供水管道长度(1999—2008年)

资料来源:中国水网——《2009年中国水业市场研究报告》

供水行业属于市政公用行业,上游水源水质变化会对公司供水成本产生一定影响;售水量则受用户水质要求、当地经济状况及产业结构等因素影响。随着我国经济平稳较快发展,工业生产总值增加、服务业快速发展及居民卫生环境、用水设施的改进,行业整体售水量将保持稳定增长。

我国水业的经营模式和经营特点

近年来,"政府特许,企业经营"的模式成为国际成熟水务市场普遍采取的经营模式,其代表国家为法国、英国、美国等欧美国家。该种模式的主要特点是政府通过"出租合同"或"出让特许经营权"的方式将供排水设施的运营权出包给私人企业,由企业负责其经营管理。较为成熟的水务行业价格确定机制一般以市场经济为基础,而价格调整的权利一般仍然由政府掌控。

欧美等发达国家的供排水工程一般要求全部回收投资,该投资回收一般体现在水价构成中,包括:固定资产折旧费、基础设施运营成本、管理费用、保养维修费用、贷款本息的偿还、合理收益。欧美等发达国家在确定水商品的价格和收费体系时一般遵循以下几条原则:(1) 成本补偿原则,(2) 合理利润原则,(3) 反映市场变化、及时调整价格原则,(4) 用户公平负担原则,(5) 提高资源配置效率原则。对水价的调整,各国通常要考虑通货膨胀水平和社会承受能力进行宏观指导性干预,在保证一定时期(一般为1~2年,最长不超过5年)水价基本稳定的条件下,由政府机构或供需双方委托机构或供排水单位及时调整水价。

目前,我国水务行业也开始了引入市场化的改革。我国的水务企业经历了由成立之初的公益型全民制企业逐渐转变为以经营效益为目标的公司制企业和由国家垄断、地区垄断到市场逐步开放的过程。2002年,建设部颁布了《关于加快市政公用行业市场化进程的意见》以及《市政公用事业特许经营管理办法》,逐步建立起了以特许经营为核心的适应城市水务行业特点的新制度体系,极大地促进了该行业的效率提升和可持续发展。

我国水务行业的经营有以下一些主要特点：

(1) 经营回报的稳定性较高

随着社会经济的不断发展，尤其是工业化、现代化和城市化进程的推进，水务行业提供的产品或服务已经成为人们日常生活乃至维持生存不可或缺的必需品，也是大多数企业必须的投入要素。水作为一种可替代性极小的必需品，一旦形成服务，企业的收益和现金流都较稳定。

(2) 行业发展受地域界限限制

受城市规模和管网的限制，水务行业具有明确的区域范围，较难建立覆盖多个城市的跨区域管网。同时由于各城市规模、经济发展水平、城市化程度、政府的财力、居民消费水平、供水企业的经营管理能力及资源状况互不相同，不同城市供水业的供求状况和服务水平存在较大的区别。

(3) 超前建设具有一定的普遍性

我国许多城市普遍存在着供水设施效能使用不足的现象，全国平均设施利用率在60%～65%（数据来源：中国水网——《2008年中国水业市场研究报告》），主要原因是：1. 城市供水能力应满足城市最高日用水需求，而城市最高日用水量较日均用水量有一定差额；2. 由于供水设施属于基础设施，建设周期较长，需充分考虑到城市的发展及规划，适度进行超前建设。根据《城市供水定价成本监审办法(试行)(征求意见稿)》，行业合理超前建设率为20%。

我国水务行业经营的不利因素主要是服务价格受政府管制和市场分割的限制。

(1) 服务价格受政府管制

供排水价格受国家和地方政府的管制，企业只有要求进行价格调整的权利，但供排水价格调整最终由政府决定。根据国家计委、建设部《城市供水价格管理办法》(计价格[1998]1810号)的规定,城市供水价格应遵循补偿成本、合理收益、节约用水、公平负担的原则,保证供水企业的合理盈利平均水平。然而,单一以调控净资产利润率为目标的定价模式在保护供水企业稳定收益的同时,也限制了供水企业改进技术管理水平,降低成本提高效率的积极性,在一定程度上造成了行业"优不胜劣不汰"的竞争局面。一方面,少数供水企业人员冗杂、管理粗放、工艺落后、质次价高,一些地方关于"水价"的不和谐声音不时出现;另一方面,对净资产利润率的简单限制压缩了供水企业的账面盈利,也导致了供水企业价值的长期低估。

(2) 市场分割的限制

由于我国长期以来,供排水企业主要采取各城市政府直接建设、经营、管理的模式,以及供排水业务的自然地域性,使得供排水业务受到地域限制,跨地区开拓市场存在一定难度,制约了我国水务行业的市场化程度和发展速度。

中国水业发展空间广阔

近年来,水资源的利用和管理正在受到前所未有的重视。水务行业是与城市发展和人民生活息息相关的基础产业,中共中央、国务院及国家发改委等在历次的文件中,多次强调了水务行业建设的重要性和紧迫性。文件指出,要加大城乡的公共事业建设力度,加快建立完善的城镇供水设施,并建立保障城市饮用水安全的有效机制。在完善建设事业的创新体系,提高水资源利用率,完善市政公用事业特许经营机制的同时,通过实行区域供水等有效的途径,提高资产运营效率和资源利用效率,实现资产的有效利用和保值增值,推进建设资源节约型和环境友好型社会。

2011年年初,中国中央、国务院发布中央一号文件《关于加快水利改革发展的决定》,文件指出,水是生命之源、生产之要、生态之基。不仅关系到防洪安全、供水安全、粮食安全,而且关系到经济安全、生态安全、国家安全。因此,需要实行最严格的水资源管理制度,建立用水总量控制制度、用水效率控制制度、水功能区限制纳污制度和水资源管理责任和考核制度。文件还明确要积极推进水价改革,充分发挥水价的调节作用,兼顾效率和公平,大力促进节约用水和产业结构调整。

可以相信,在城乡一体化建设的大背景及国家政策的大力支持下,水务行业必将迎来广阔的发展空间。

我国水业的发展趋势

具体而言,我们可以把我国水业的发展趋势归纳为以下几个方面:

(1) 市场容量增长稳定

我国目前正处于高速城市化和工业化的发展阶段。2008年,我国城市化率为45.68%,城镇人口比1991年增加了90.3%,平均每年增长5.6%。根据有关预测,我国城市化率在2030年将达到65%以上。虽然我国正在进行节水型社会建设,但随着我国经济的高速成长,工业生产总值的增加将带动用水量的提升。另外,随着我国第三产业在经济发展中的地位日益增加,服务业的耗水量必将日益增加。居民收入水平的提高,卫生环境、用水设施等的改进,都将使居民日常用水量稳定增长。因此,未来几年城市用水需求量将保持稳定增长的趋势。

(2) 城市供水管网漏损率有较大改善空间

经过加工处理的水在管网传输过程中往往会发生漏损,在我国这一指标平均为20%左右,在发达国家可以降低到8%以内。漏损意味着大量宝贵的水资源的浪费,尤其在我国整体水资源短缺的情况下,无异于巨大损失。因此,通过降低供水过程中的漏损率来提高水资源利用率的要求紧迫,城市供水管网在建设与升级改造方面仍有很大提升空间。

(3) 庞大投资规模将促使资本来源的多元化,增强要素流动性

根据规划,国家在"十一五"期间对水务行业的直接投资需求达到5 000亿元。而地方财政资金在巨大的城市建设投资面前,早已无能为力。因此,水务行业进一步发展的关键,就是资本来源的专业化和社会化。

水务行业由政府主导的传统资本投资模式已走到了尽头。《关于2008年深化经济体制改革工作的意见》中指出要推进要素市场建设,《关于2009年深化经济体制改革工作的意见》中再次提出要深化垄断行业改革,拓宽民间投资的领域和渠道。此外,市政债券试点也将加大地方城市政府融资能力,进一步促使投资者和经营服务者分离,并赋予水务企业广阔的发展机遇。

庞大的基础设施投资对资本的需求,以及提高供水服务水平和资源使用效率的现实需要,使得水务行业的市场化改革方向明确,资本、技术、服务、管理等要素的流动性增强将是行业发展的必然趋势。中国水务企业,将在行业的发展潮流中通过资本、技术、服务、管理等要素的输出,对一定区域内的资产进行整合,提高供水行业的服务水平,并实现供水服务的异地扩张。

（4）水价上涨仍有空间

近期全国各地水价上调,使得水价改革预期渐热。2002年到2009年间,中国36个重点城市的居民生活用水的自来水价格年均增长率为4.69%、污水处理费年均增长率为11.9%。

从国外一些城市供水运营较成功的经验看,居民家庭水费应与电费开支相当,居民用水的需求价格曲线在水费支出占个人收入4%左右达到均衡。而我国目前城区家庭水费、电费开支悬殊(电费几倍于水费),水消费仅占个人收入的1.2%。建设部在《城乡缺水问题研究》中指出,为促进公众节约用水,水费收入比达到2.5%~3%为宜。因此,水价拥有较大的上涨空间。无论从我国水资源的稀缺状况还是从推进水务企业提升服务品质的合理利润要求,以及和国际水价水平进行比较来看,我国目前水价仍具有很大的上涨空间。

（5）水务行业定价及成本监审制度有望改革

水务行业作为市政公用行业,长期以来一直是实行政府定价制度。制定城市供水价格应遵循补偿成本、合理收益、节约用水、公平负担的原则,保证供水企业合理的盈利水平。这种政府定价模式确保了公司可获得稳定的净资产收益率,但同时也存在着水价不能反映市场环境、影响公司效益、不利于资产的保值增值等缺陷。

由于国家将水务行业列入"十五"期间国有资产要退出的行业之一,水务行业市场化进程发展迅速,水价制定市场化也是业内专业人士的共同预期。2007年发改委发布《水价成本监审办法(试行)(征求意见稿)》,广泛征求各方意见。未来的水价定价政策体系,将使水价定价基础从传统认识中以资产确定收益转变为按照服务确定收益。水价制定方式的变化,将促进全行业服务质量的提高,有利于全行业的快速发展。

(6) 城乡一体化建设需要统筹区域供水

传统的供水模式通常是一个城市设一个自来水公司。这种模式在解决城市居民的供水需求、保障城乡经济社会发展方面曾发挥过积极作用。但是在 20 世纪 80 年代以后，随着乡镇企业的兴起，水厂数量众多，分散经营，各水厂技术力量薄弱，资金有限，无法发挥规模效应。在对水资源的开发利用过程中，缺少统一规划，取水口与废水排放口犬牙交错。因此，镇、村水厂无论在解决水质和满足水量需求方面，都存在着其本身无法克服的困难。

加大城市供水管网的建设力度，发展城乡统筹的区域供水，扩大城镇供水的服务范围是保证水资源得到合理利用的有效方式之一，符合我国城乡一体化建设的需要。建设部近来大力推行以核心城市为中心的区域供水，充分发挥政府协调指导作用，同时运用市场配置手段，打破行政区划束缚，统筹安排，推进空间资源整合和区域基础设施的集约利用。

(7) 信息化水平的提高将大大促进水务行业发展

我国的水务行业信息化发展已经取得了初步成效。住建部在《建设事业"十一五"规划纲要》中明确指出，要研究推广应用信息化关键技术，推进 GIS、GPS 和 RS 集成应用技术的研究开发，提高市政公用事业管理和服务的信息化水平。

北京市在 20 世纪 80 年代及以前，分别建立了分析管理系统或决策支持系统，尤其是水务局成立后，建立了北京水务的数据中心和指挥中心，信息链路逐步理顺，数据共享开始推进。上海市提出了数字水务的理念，依托上海信息产业优势，顺应现代信息技术的发展趋势，以水务发展需求为导向、应用为核心，建设了覆盖全市、城乡一体的防汛自动预报决策支持系统和防汛信息服务网、水文和供排水数据采集、监控系统、视频会议系统等系统。深圳市围绕实现水务现代化的发展目标,先后完成了多个水务信息化应用系统的建设。

通过水务行业的信息化建设,加强水务行业信息资源整合,提高开发利用管理水平,建立健全统一、协调的信息化标准规范,开发推广信息化关键技术和产品,促进水务行业信息资源共享,推动全行业管理水平提高,已经成为水务行业的必然趋势,并将给水务行业的快速发展带来机遇。

我国水业的技术水平

在供水方面,根据目前我国颁布的《地表水环境质量标准》,优于四类的水源水质可以不进行原水预处理。在制水过程中,通常采用混凝、沉淀、澄清、过滤、消毒等应用广泛且技术成熟的工艺。对于有机物污染比较严重的水源,需要采用深度处理以进一步提高自来水的出厂水质。深度处理技术工艺主要包括:生物预处理、臭氧生物活性碳处理等。

在污水处理方面,目前国际上通行的城市污水处理工艺采用先进的二级(强化)生物处理工艺,如厌氧—缺氧—好氧活性污泥法(A2/O)、普通序批式活性污泥法(SBR工艺)、周期循环式活性污泥法(CAST)、奥贝尔氧化沟、改良型氧化沟等工艺,将污水中所含的污染物分离。

近年来,水务行业的信息化技术的发展和应用较为迅速,GIS、SCADA等系统在水务行业得到了广泛的应用。该类系统通过大量的数据采集和分析,实现实时在线监控管网流量、压力等主要生产运行参数和主要进、出水水质等指标,大大提高了行业技术、服务标准和水务行业经营管理的系统化、标准化和自动化水平。

我国水业的管理体制和法律法规

水务行业的管理涉及多个政府部门。目前,我国城市供排水行业涉及的主要监管部门包括:中央及地方发改委、中央及地方财政部门、中央及地方环保部门、中央及地方住房与城乡建设部门、中央及地方水利部门、地方物价局、地方市政管理部门、地方卫生局、地方质监局、地方安全监督机构等。

在现行管理体制中,国家发展与改革委员会和建设部是最首要的管理部门。国家发展与改革委员会负责对高水平的涉外工程进行评估和水价制定,建设部负责市内的工程审批。这两个机构负责制定政策和法规的框架,由各省的建设管理部门负责起草相关的法律条文,并遵照物价管理局的规定管理各大供水工程和收取税金。商务部和各省的对外机构负责对投资合同和设备的引进予以审批。水利部负责对全国的水资源进行全面管理。国家环保部负责制定环保制度和规章。各省、直辖市、自治区的环保部门负责监督水资源环境,执行当前的环境保护法规以及制定废水处理制度。

《中华人民共和国水法》是我国关于水资源的利用和保护的最重要法律。1988年1月21日,全国人大常委会通过《中华人民共和国水法》,主要内容有:① 调整范围。在中华人民共和国领域内开发、利用、保护、管理水资源,防治水害,必须遵守水法。水资源包括地表水和地下水。② 明确水资源所有权,即水资源属于全民所有和集体所有。③ 通过征收水费和水资源费等经济手段加强对水资源利用的管理。④ 加强政府对防汛抗洪工作的领导,规定了防汛指挥机构在紧急情况下可采取的措施。2002年8月29日,全国人民代表大会常务委员会修订通过了新版《中华人民共和国水法》,修订后的《中华人民共和国水法》自2002年10月1日起施行。

水务企业需要遵守的其他法律法规主要有:

法规涉及内容	主 要 内 容
资质管理	《城市供水管理条例》
	《城市供水企业资质管理规定》
	《城市排水许可管理办法》
产品和服务质量管理	《生活饮用水卫生监督管理办法》
	《生活饮用水卫生标准》
产品和服务价格	《城市供水价格管理办法》
	《排污费征收标准管理办法》

我国水务行业的竞争状况

我国水务行业已处于成熟阶段,市场容量相对稳定。由于水务行业的自然垄断性、弱周期、现金流稳定等特点,加上政府对公用事业行业的逐步市场化,水务行业吸引了各方面的资金。目前,我国水务行业已形成了多种水务投资企业相互竞争的格局。

我国水务行业的市场化程度

就目前我国水务行业整体而言,市场化程度和行业集中度均较低。由于目前的政策和法律体系,水务行业属于市政设施,地方政府仍是水业服务的最终责任主体,造成我国水务行业长期以来地方垄断性强,规模化不足,产权结构单一。随着市政公用事业的逐步放开,我国水务行业正经历由政府高度垄断到逐渐开放的市场化发展阶段。2002年以来,我国水务行业产业政策已经允许多元资本跨地区、跨行业参与市政公用企业经营,并结合特许经营的模式从事城市供排水业务经营,使得市场集中度也有所提高,大中型水企从2003年的162家发展到2007年的211家。但是由于长期以来的政策制约和水务行业自然垄断的特征,目前我国水务行业的市场化程度和行业集中度仍然很低,行业仍处于分散经营状态,企业规模普遍较小且数量偏多,区域垄断特征依然明显。

在经营模式方面,许多城市的自来水厂和污水处理厂主要由各地方政府授权下属市政部门或自来水公司经营管理,维持政府建、政府管、政府运营的非市场化状态。在盈利模式方面,供水业务采用政府定价和财政补贴的模式;污水处理业务则主要依靠政府财政补贴,市场化程度较低。

正是由于中国现有供水企业区域经营分散,行业集中度低,各类水务投资公司面临巨大的潜在市场机遇。因此,具有资本优势、拥有先进管理经验,并且能够有效进行资本和管理服务输出的公司将在今后的竞争中占得先机。

我国水务行业的竞争格局

由于目前国内水务行业,无论是新建的自来水厂、污水处理厂还是原有自来水厂、污水处理厂的改造数量都非常巨大,国内水务市场拥有广阔的空间。加之国家政策对于社会资本进入水务市场的鼓励,水务行业形成了多种水务投资企业相互竞争的局势。

① 跨国水务集团

跨国水务集团依托强大的世界级水务运营品牌,结合雄厚的资金实力和技术研发实力,在大型高端项目中占有一定的市场份额。他们通过寻找合适的熟悉中国国情的战略合作伙伴,在中国建立研发中心,采用直接投资、建设—运营—移交(BOT)、合作经营、控股或收购等方式参与国内水务行业的竞争。其涉足的领域主要有:Ⅰ.城市供水,包括水厂建设、供水管网改造和水处理技术;Ⅱ.水环境治理,包括工业和生活污水处理;Ⅲ.供排水设备,包括供排水设备引进和更新、发展农业节水灌溉设备、开发利用节水型器具等。该类企业的代表主要有:威立雅水务集团、苏伊士环境集团等。

② 民营企业

民营企业能够通过灵活的市场手段,取得一定的政府资源,并结合本土优势及其对水务行业的深入了解,能够在企业战略定位比较准确。同时他们在工程优化、投资成本节约方面具有较大的技术优势。

③ 国内战略投资企业

国内战略投资企业随着近年来公司品牌形象和融资能力的迅速提高,企业竞争力得到较快提升。由于拥有长期积累的运营管理经验及天然的本土优势,该类企业在异地扩张时容易得到同业的接受,对规模较小的外埠市场进行整合。其中,部分国内战略投资企业已经成功转型为半专业化服务企业。

④ 属地公司转型企业

该类企业拥有很好的政府资源和属地的垄断经营权,在同行间的品牌影响力较大。他们并通过长年的经验积累,具备了较强的运营的能力。但是该类企业由于长期的垄断经营,股权结构相对单一,竞争意识不强。虽然该类企业一般资金实力有限,融资渠道单一,但现金流较为稳定,有望在建立健全激励机制,利用现有属地项目加强人才储备的同时,实现一定程度跨区域经营。

水务行业进入的主要壁垒

国家倡导水务行业引入市场机制,但是由于该行业的特殊性,使得新进入者进入本行业仍然存在许多障碍,概况起来可以总结为以下三种壁垒:

(1) 政策壁垒

目前,各地政府普遍采取区域内特许经营的方式对进入水务行业的企业进行管理和限制。同时,由于水务行业为市政公用行业,关系到国计民生和生态环境安全,各地政府对水务行业企业的投资主体、设立标准、建设规划、设施标准、运行规则、收费标准、安全标准、环保标准等方面均进行严格的审查和资质监管。因此,水务行业的新进入者面临较高的政策壁垒。

(2) 地域壁垒

水务行业属于市政公用行业,具有自然垄断的特性。水务企业在进行基础设施建设时,需要根据地方经济发展情况、区域建设规划并结合地域特征和供求分布,统一设计和建设。各地水务企业均经过长期、因地制宜的大规模基础设施建设,形成了一定区域内的垄断优势,使水务行业的新进入者面临较高的地域壁垒。

(3) 资金壁垒

水务行业属于资本密集型行业。该行业投资主要集中于供排水设施等市政基础设施,投资金额巨大。同时,由于水务行业属于市政公用行业,企业产品、服务等的定价均受到政策管制,造成该类投资的投资回收期较长。因此,水务行业的新进入者面临较高的资金壁垒。

4 难以端平的水价

水价是水务行业发展的关键因素

在水务企业的运营中,水价是一个核心问题。价格连接了生产和消费,是市场经济体制的核心标志。在中国城市水业推进市场化改革的背景下,原先立足于社会福利的"水费",1998年之后逐步转型为立足于市场供需的"水价"。

但是,对于城市水业来讲,其产品既有商品特性,又有公共必需品特性,更与水资源的制约和环境保护紧密关联,同时自然垄断特性限制了竞争机制的引入。因此,水价的组成、形成机制以及监管方式成为一个国际性难题。

水价:中国最为复杂的价格

水价可称得上是中国最为复杂的价格,它虽然被称为价格,却不是由供需决定的市场价格,而是政府根据多种因素的综合定价。

第一,水价的区域性非常明显,不同地区的水价不同。同为垄断性公用设施行业,城市供水行业区别于电力行业,具有典型的区域性特征。由于水的传输成本非常高,难以在大的范围内对供水自由调度,不可能建立全国性的运输管网,调节全国供水市场,因此我国城市供水行业实际上是在各自区域内实行垄断经营,地方城市政府作为责任主体。不同地区的水资源条件、城市规划和布局、供水市场发育程度、供水企业经营与技术水平等,决定了各城市间的供水成本差异巨大,导致成本监审部门难以简单明确而单一地确定合理的成本和监审标准。

第二,水价虽然被称为价格,但却不是由供需所决定的市场价格,而是政府根据多种因素的综合定价。价格是政府最主要的调控手段之一,在地方城市政府所掌握的为数不多的价格手段中,以水价手段最为敏感和突出。因此,水价虽然在居民支付比例中所占很小,却往往搀杂了过多的政府政策性因素,水价调节手段在多种层次被滥用。政治事件、人事安排、物价指数、引资政策以及许多灰色的因素,都能够直接影响地方政府的水价调整。

第三,在实践中,一些城市供水公司迫于地方政府城市建设的压力,为其他城市建设项目提供了贷款或担保,这些部分亦间接进入了水价成本。也有一些城市为了配合当地政府的引资政策,对定向企业减免了水费。还有少量城市政府及事业机构少付水费,等等。这些政府因素导致的社会成本最终都会体现在价格之中。

第四,由于政府的投资缺位,将所有供水设施的投资成本全部推进了价格,造成过大的价格压力。因为供水是政府提供给老百姓的公共服务,但是供水不是普遍公共服务,所以国际上叫受益者支付原则。不主张完全拿政府税收的钱支付供水成本,因为这对没有享受供水服务的人群是不公平的(目前城市供水服务人口不到4亿人),所以一般供水叫全成本核算,要通过付费负担基本运营成本,但是,收益者支付的原则不排斥政府特定的投资义务。现在,政府在城市供水中沉淀性资产的投资却长期存在缺位。由于政府的投资缺位将所有供水设施的投资成本全部推进了价格,造成过大的价格压力。

第五,由于城市供水以传统公用事业方式长期垄断经营,目前中国城市供水企业普遍缺乏详细的基础统计资料,很多关键的水量平衡数据、运行参数、水质状况等数据没有形成完整的统计体系,水量计量薄弱。同时,许多关键数据,如漏损率存在普遍的失真问题。行业内缺乏有效的数据共享与服务技术系统和服务机制,增加了成本监审的难度。此外,产销差严重失真问题、设施超前建设产生的成本问题、投资成本差异性问题、折旧年限的确定及折旧资金的使用问题等等,都是制约价格管理的难点。

水价的四元组成

水价构成的沿革在一定程度表征了城市水业成本体系逐步完善的过程。在城市化初期,水价的内容仅限于城市从自然中取水、净化、输送和排放的成本与收益,也就是传统意义上的城市供水价格;当城市污水的排放对自然的影响超出了自然水体的自净能力,水价中加入了污水处理和环境补偿的费用,也就是传统意义上的城市污水处理费和排污费;当城市就近水源不能满足城市发展的总量需求,远距离调水甚至跨流域调水的成本进入水价,形成"水利工程供水价格";当水资源总量稀缺,不能满足"以需定供"的水资源配给方式,水资源开始有价,并且以成本形式进入水价,形成"水资源费"。

中国完成这一系列变化用了不到十年时间。1998年9月,国家发展计划委员会和建设部发布《城市供水价格管理办法》,确定了城市水价基本的定价原则,包括利润加成本的制度,保本微利的原则,以及关于资源型价格调整的思想。其中规定水价形成过程为：城市供水应逐步实行容量水价和计量水价相结合的两部制水价,容量水价用于补偿供水的固定资产成本,计量水价用于补偿供水的运营成本,在此基础上加上合理利润形成水价。2004年11月,国家对《城市供水价格管理办法》进行了修订。

2004年初,国务院以文件形式明确了城市水价的四元结构组成,即水资源费、水利工程供水价格、城市供水价格以及污水处理费四部分。水价的四元组成明显具有不同属性,产生于不同背景,因此,需要对不同组成部分给予不同的、可操作的定价目标,也需要为水价不同组成制定不同收费形式、使用原则和管理层次。

如果我们沿用一般意义上的水价概念,把消费者支付的四元组成部分统称为"水价",那么,从决定水价的政治、经济、社会等综合因素出发,水价可按属性分为资源水价、环境水价和工程水价。

我们将对应于水资源稀缺而产生的水价称为资源水价;将对应于环境修复和补偿而产生的水价称为环境水价;将对应于各种工程投资和服务提供的水价称为工程水价。

目前在中国,水资源费属于资源水价,一般以费的形式收取,以后会演化成水资源税,标准由政府确定,不需要按照价格进行听证和成本管理,最终进入政府财政。城市供水服务价格以及部分城市具有的引水工程价格,属于工程水价,是以成本和服务为基础水价,也是其中真正属于"价格"的那部分，在公众支付的总价中大约占 50%，是目前价格和成本监管的重点。而各种环境补偿性收费包括污水处理费，则属于环境水价，环境水价一般是供水公司代收，之后进入了地方政府财政，严格意义上讲它不是一种价格。

在这三种成分中，由于性质的不同，调整方式也不同，只有工程水价依据成本，而资源水价由资源稀缺程度所决定，环境水价则由国家环境政策所决定。城市供水价格毫无疑问是一个基于成本的工程水价。公众真正能够影响的主要是工程水价那一部分。

水价的政治性因素强过经济因素

水价可以称为中国最为复杂的价格。这种复杂在于它不仅是政府定价，而且是地方政府定价，因此搀杂的因素异常复杂。

水价虽然称为价格，却并非由供需所决定的市场价格，而是政府根据多种因素的综合定价。水价的复合性使成本因素常常被政治和社会因素所掩盖，使供水价格的确定并不能按照价格管理办法规定的那样依据成本。从水价整体而言，水价已经不是一个基于成本的经济概念，更多是一种社会和政治因素，而且往往背离成本基础。

水价的政治性强，除了与水价的复合性相关外，还与水价管理的属地性相关。供水服务属于市政公用事业，是以城市政府为主体的属地性服务。但是城市的水资源、城市规模等方面存在巨大差异性，因此需要属地性的管理和成本监审，不可能像电力一样由中央统一监审和定价。

水价管理的调控性特征也加强了水价的政治性因素。价格是最主要的政府调控手段之一,在地方城市政府所掌握的为数不多的价格手段中,以水价手段最为敏感和突出。因此,水价虽然在居民支付比例中所占很小,却往往搀杂了过多的政府政策性因素,水价调节手段在多种层次被滥用,政治事件、人事安排、物价指数、引资政策以及许多灰色的因素,都能够直接影响地方政府的水价调整。

以上因素,使水价在地方很大程度被非经济性因素所左右,而且在城市供水中尤其如此,城市供水价格的形成机制大都背离了成本基础。资源水价和环境水价因为中央政府的干预则受地方影响因素相对较小。

水价为什么不断上涨

水作为生活必需品,具有不可替代性,其价格需求弹性很小。随着水资源紧缺程度的加剧,水务产品或服务价格都有上涨的趋势。近年来,我国各地的水价均呈现稳步增长的态势,引起了社会的广泛关注。

中国目前水价现状

数据显示,我国120个大中城市生活用水价格和污水处理费都呈现稳步增长趋势(见下图)。扣除通货膨胀因素,供水价格增长幅度缓慢,污水处理费增长较快,由于一同收费,一定程度挤占了供水价格空间,随着资源价格的提高对供水价格空间的影响将更大。

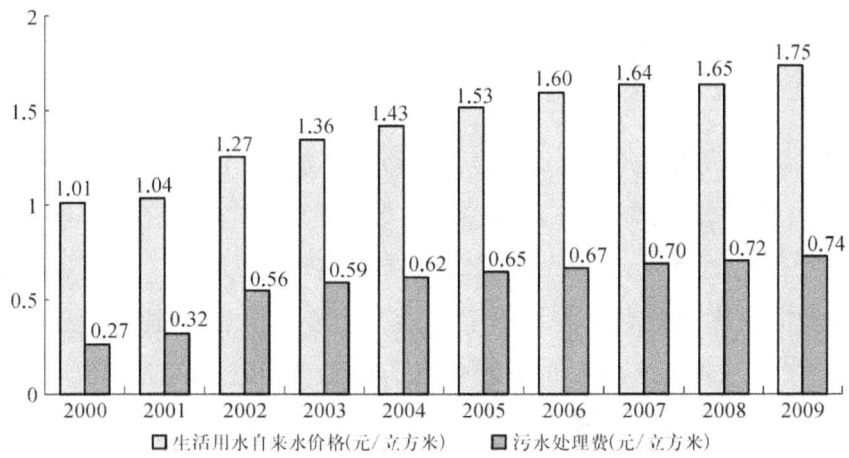

图 4-1　我国 120 个大中城市生活用水价格和污水处理费(2000—2009 年)

水价是水务企业经营和资产重组的核心问题,水价改革是行业改善盈利水平和吸引资本进入的关键因素。如果水价不能市场化,行业就不具备盈利的市场环境,国有存量资产仍将延续"亏损——补贴——再亏损"的恶性循环,行业的发展便无从谈起;这使得外部资本的介入只能在点上实施,只能要求政府给予苛刻的政策保障,真正的市场化的投资热潮就不可能出现。

目前国内城市供水价格呈现如下特点:水价不断调升;总体水价仍然偏低。从总的趋势上看,未来全国的水价水平将进一步提高,其中核心城市水价有较大的提升空间,提升的速度也会相对较快,相应的其水务企业将具备越来越高的投资价值。同时,改革改制和外部资本的介入将促进行业的整合重组,进而形成自然垄断、经济性垄断,利用规模经济效益,通过有效的管理和成本控制实现自身的飞跃。

水价上涨的五个原因

10多年来,我国城市水价一直发生着比较大的变化。36个核心城市10年来供水价格每年平均增长5%左右,污水处理费平均增长在15%左右。水价调整一直在进行中,但近两年来,这一趋势变得更为明显。为什么会这样呢?这和我们现在的形势发生变化有关系。主要有五个原因:一是供水成本确实在增加;二是原来的水价里没有考虑污水处理的成本;三是水价中也没有污泥处理的费用;四是我国要提高资源型产品的价格的客观要求,因为水到今天已经成为战略性资源了;五是供水行业效率过低。

一是供水成本确实在增加。供水成本增加的原因有环境代价:水不仅和资源有关系,和环境也有关系,我们供水取的是自然的水环境。以前我们发展30年没有支付足够的环境代价,积累下来的结果是水源地合格率比原来低了很多,各大公司取的原水合格率处在比较低的水平。整个行业就是在这样的背景下,要满足比较高质量的供水。因为供水不仅仅是工业原料,它也关系到人民的健康,包括"致畸、致癌、致突变"的物质都在水中,这是最让人担心的。我国人民烧开水的习惯能够初步解决微生物的污染,掩盖了水质上的问题,但是随着水源的污染,大量的溶解性有机物进入了水体,光靠煮沸的办法是很难解决的。

因此,国家2007年发布了新的国标,把水质标准由35项提高到106项,基本和国际接轨,2012年要强制执行。但是,要达到标准要求、解决上述问题,光靠20年来建的陈旧设施实际上很难达到,如果不增加成本意味着老百姓的健康很难保障,这个威胁甚至在有些地方已经显现出来了,每年自来水行业发生的这些事件非常多，大部分是地方政府协调处理了，并没有让老百姓完全知道。

二是污水处理的要求增加。十年前，我国只有150座城市污水处理厂，现在县城以上有1 600座污水处理厂，2010年以后可能要达到近4 000座。总之，按照国家的要求2010年城市要达到70%～80%的污水处理率，36个核心城市按照最新的要求，要达到100%的污水处理率。污水处理的成本在国际上来说和供水是相当的，原来我国水价里没有完全考虑这个因素，十年前水价里面就没有污水处理费，所以这几年涨得非常快，但是仍然和我们处理100%污水的要求有很远的差距。

污水处理在国际上的基本通行标准是叫做"污染者担负"，中国译成了"谁污染谁治理"，实际上就是谁产生了污染谁就是责任主体。城市污水的污染是谁产生的？不光是工业企业。任何居民使用自来水的时候排出去的都是污水，由使用的人来承担处理费也是国际公认的，一般情况下这都是居民担负的。

三是污泥处理处置的成本。污水处理完以后并不是说就安全了，污染物转移到污泥里面，即便像北京、上海这样的核心城市，70%～80%的污泥也没有得到真正稳定化的处置，大部分一堆了事，一旦下雨就会进入河流或者污染地下水。原来的水价里完全没有考虑污泥处理处置费用，按照国际通行方式，污泥处理处置的的费用与污水处理基本相当。

污水处理费收费不足，污泥处理费则是原来水价的空缺，但是，事实上，老百姓付的水价应该由供水和污水共同组成。

四是我国资源型产品价格的提高。国家发改委多次提出要推进资源型产品价格的改革，和电力、天然气、成品油等一样，水也是其中之一。原来，人们认为水资源是取之不尽用之不竭的，要付也是几分钱的费用，但是到今天水已经成为战略性资源了，水资源费在逐步提高。水资源费的提高不增加供水和基本的原料成本，这部分成本是国家通过税收和费两种形式，目前国家采取的是"费"的形式，基本上以地方政府收入为主。

五是效率因素。供水行业是国有公司里改革最晚的几个行业之一，有一种效应称之为"锅底效应"，政府很多服务责任以不同形式进入供水企业，供水承接了很多非企业性的行为，客观上造成了供水公司不同程度的人员臃肿，效率低下。同时，成本约束机制不健全进一步加剧了成本的倒挂。

这几个因素造成了这几年来水价持续增长，也是近期许多城市水价调涨的根本原因，当然还有其他很多因素，但是这几个是其中最主要的。

其实，总体上看，我国的供水价格比国际上便宜很多，因为供水是完全属地性的，基本上是按照中国的价格，跟国际上的发达国家相比实际上是他们的1/5左右，当然，我们的人均收入也比他们要低，这基本上是和收入相当的水平。

水价之痛：不信任引发恶性循环

作为供水行业经济管理的核心，水价对不同的关联者有着不同的作用和涵义。对于城市政府来说，一方面通过综合考虑社会总体情况对水价调整进行控制，另一方面希望供水设施投资能够满足城市经济社会发展的需要；对于企业来说，水价是体现产品（服务）价值的载体，是企业发展的动力和源泉，因此提高水价是他们的追求；对于公众来说，水价直接影响到日常生活必需品的消费支出，为了尽量减少生活开支，降低水价是他们的希望。长期以来，政府、企业、公众各自从自身利益出发,对水价的调整持不同的观点,理顺三者关系一直是价格管理中的难题。

一、自来水价格调整缓慢

正确协调政府、企业、公众三方关系,清晰划分政府与企业责任体系,是水价调整的关键。现实中,虽然有城市供水价格管理办法的指导,但供水水价远远没有达到市场和企业的预期。

我们以上海为例,上海水价调整的很大部分并没有令自来水公司得到真正的收益,而绝大部分资金用于补贴原水工程,使自来水公司的积极性受到挫伤,增加了供水企业与政府的分歧。另外由于要保障低收入群体用水和稳定公众情绪,政府长年不调水价,据上海物价部门提供的数据,上海7年供水价格只增长了10%,而同期全国平均水平是每年增长7%。供水企业虽然承受巨大资金压力,仍然必须完成"政治任务",与此同时,要提高水质和服务水平更是有心无力,企业运营陷入"低价低质"两难境地。2008年底,上海居民自来水价仅1.03元/吨,在全国36个大城市中居于后三位,水质保障水平可能也在后三位,与国际化大都市地位极不相称。

上海的情况在全国有一定普遍性,"低价低质"是全国供水行业的普遍问题。但是,水质压力不能成为调价的理由,价格管理办法只承认成本和收益,因此每次调价,供水企业必须拿成本说事,而成本的不公开和公众的不信任,约束了成本在调价中的作用。

二、调价滞后

调价滞后也是影响供水价格的因素之一。水价调整不但受到包括通货膨胀率、CPI、政治因素等多方面的制约,而且往往要求契合"时机",无形中增加调整障碍和难度。另外,调价程序过于繁冗,调整一次水价时间过长,从审核成本到组织召开听证会，再到当地政府研究，上级政府部门审批，水价调整时间普遍超过一年以上，有的甚至更长，往往完成一次调价，新的水价已经不能反映企业的实际情况，新的调价又要开始。

三、亏损加剧了成本失控

由于供水企业的价格直接受制于政府，企业运营和盈利状况普遍不佳，处于微利甚至亏损状况，企业经营者只能想方设法通过加大定价成本等方式获得生存与发展空间，由此导致企业使用非正常的加速折旧等方式、利润向三产转移等，故意将成本"做"大。即使是在合法核算的情况下，企业也是尽可能采用设施快速折旧，将资金转移至资本公积，变为自有资金使用，使账面显示为低利润或亏损，并在法律允许的范围内大限度提高职工福利，加大成本，转移收益，使相当大一部分资金游离于成本监管之外。而用于提高服务、改善水质的投资则难以保障。

水价中的成本之困

城市供水设施是城市重要的基础设施之一，供水服务的两项基本特征与服务保障密切关联。首先是城市供水的公共服务属性，供水服务属于政府公共服务的核心内容，是每个城市不可或缺的、最基本的公共服务。其次是城市供水的市政性，在中国目前的政策框架下，供水服务属于地方政府所主导的市政公共服务范围，由地方政府主导投资、建设、运营和服务，由于地方能力和水平的不同，在自然垄断的保护下，供水管理参差不齐，服务形式多样而混乱，服务水平总体较差。

当前，由于原水的污染和社会对服务要求的提升，供水行业总体处于经营成本持续上升和水价调整困难的双重煎熬之中。虽然2009年以来,许多城市实现了水价上调,也是在重重争议和民众的反对声中进行的,政府和供水企业都陷于被动状态。水价相比其他方面的关系民生的产品价格来说,所占可支配收入的比例在1%～2%的范围内,调涨的影响也许并不是最大的,为什么非议众多呢?其中原因之一就是供水企业的合理成本识别困难,同时成本的不透明也使得调涨的理由更加难以服人。

首先,由于城市供水以传统公用事业方式长期垄断经营,目前中国城市供水企业普遍设施家底不清,缺乏详细的基础统计资料,很多关键的水量平衡数据、运行参数、水质状况等数据没有形成完整的统计体系,水量计量薄弱;同时许多关键数据,如漏损率统计存在普遍的失真问题。行业内缺乏有效的数据共享与服务技术系统和服务机制,增加了成本监审的难度。作为区域垄断特征明显的行业,供水行业平均数据难以获得,也就无法进行比较,难以识别成本的合理性。

其次,由于供水服务的市政公共服务属性造成供水成本边界模糊,尤其是市政管网投资巨大,而管网的投资、维护、更新与市政服务密切关联,而且,包括市政供水管网的配套在内的较大投资活动,一般均在政府规划下安排,企业没有实质性的经营决策权。许多供水企业,在负债经营的情况下,根据政府指示,仍然要举债超前投资,配套市政供水设施。

第三,企业服务成本与政府社会服务成本关联大,作为城市的一项基本公共服务,不同性质的供水企业大都不同程度地承当了政府的社会服务成本,大量的政府行为形成的成本进入了企业。人员成本也面临尴尬,在传统供水公司普遍的存在人员臃肿现象,影响了城市供水的成本,但是,富余人员很大比例源于政府的社会安排和人情安排。

目前的水价管理已力不从心

目前,城市供水价格监管的宗旨是在《城市供水价格管理办法》、《会计准则》等相关法规的框架约束之下,以合法性为重心的管理模式已经形成。在这些法规的监督和引导下,企业行为准则也均以合法为界限。

虽然新的政策体现了合理性的政策方向,但是受制于城市供水的垄断产业性质和长期信息封闭的影响,绩效管理工具的缺乏,政府难以对合理性做出判断。

许多城市形成亏损—调价—再亏损—再调价的简单循环,企业、政府、公众多方都不满意。

在传统的计划经济条件下,城市供水服务由政府或其拥有的企业直接提供。在市场经济条件下,符合市场原则、充分运用竞争机制的特许经营制度通过契约合同方式改变了这种状况。供水市场投资和经营呈现多元化趋势,外资、民营、国有控股、国有改制等多种经营方式不断涌现,传统供水经营模式也大量存在,城市供水市场已经由政府主导型向经营多元方式转变。

由于供水行业具有市场经营风险小、现金流量稳定的特点,而且一旦得到特许经营授权,投资者的合法权益将受到有效的保障,因此供水行业对国外资本、民营资本具有很强的吸引力。在供水市场进一步开放的政策下,已有大批的社会资本涌入城市供水行业,纯国有运营的企业在逐步减少,社会企业的比重在逐步增加,社会企业运营将成为今后的主导模式。

1998年所设定的主要针对传统国有供水企业的价格监管模式已经不能适应城市供水行业发展的需要。主要表现在以下几个方面:

一是供水水质和服务的监督薄弱。传统供水企业因为隶属行业管理部门,供水水质和服务的监管是通过行政和人事体系的管理间接实现的,价格管理由物价部门实施;但是在特许经营体系中,市政监管部门与社会企业之间则是契约关系,政府与企业之间已经没有隶属关系,而以价格监管为核心的经济监管则是政府最为有效的手段,如果没有价格监管与水质和服务监管之间的协同,水质和服务的监管则很容易因为手段缺乏而失位。

二是对企业经营成本的约束手段不足。社会企业的逐利性,使政府需要建立价格监管的工具平台为合理性和科学性提供保障,以应对社会企业与政府之间的利益博弈。

三是不利于形成优胜劣汰竞争机制。特许经营实质上是一种竞争机制,打破了行业"终身制",而原来简单认可成本和收益的做法,不利于促进企业提高效率,不利于经营企业的优胜劣汰。

水价改革的模式选择

一提起水价改革,有人首先想到的往往就是调价。然而,作为一项促进节约用水、保护水资源的有效措施,水价改革涉及方方面面,绝非一个简单的调价可以概括。经过多年的努力,我国水价改革迈出了较大的步伐,并已经取得可喜的成绩。随着市场经济条件下的商品水意识逐步深入人心,我国水价改革已进入一个新时期。

如何有效约束水务服务成本？

近年来，全国各地水价普遍上涨。由于服务成本总体处于不透明的状态，很多人质疑，水价提高是否仅是自来水企业转嫁不合理供水成本的借口？许多人开始求助于价格部门的成本监审、水价听政会和媒体监督。但是，尽管供水企业普遍感觉委屈，地方政府也进行了大量协调工作，现实却并没有让公众和社会满意，这些行政行为和公众参与行为没有能够有效发挥作用。

水务服务是一个自然垄断性领域，一般的市场竞争机制在水务服务领域里面很难实现。如何约束水务服务成本、提高水务服务效率是一个国际性难题。在这种特定的行业中，约束成本是一套机制的设计和实施，建立一套完善的市场机制才是约束供水成本、提高供水效率最有效的方式。

国际水务领域上通行的引入市场机制的模式有两类：一种方式是准入竞争模式。即政府的设施及服务，通过一定服务期限的特许经营权方式向社会企业进行转让，在约定服务条件、服务水平的前提下，让有经验的服务企业来报价，通过竞争挤出供水行业服务"成本水分"。另一种方式是过程竞争模式，也就是平均成本定价模式。即在综合考虑水源和水质保障的情况下，以供水行业的平均成本来确定服务公司的服务价格。

鉴于我国供水行业是一个由福利性行业发展而来的传统行业，长期停留在政府垄断经营的模式之下，基本数据统计不健全，我们现在还不能以平均成本为基础进行定价。因此，基于这样的行业现状，中国政府选择了第一种方式，2004年当时的建设部发布了《市政公用设施特许经营管理办法》，即通过特许经营制度在准入环节引入市场机制。

但是，特许经营制度目前只发布了一个部门规章，具有指导性，但不具强制性。这导致我国供水行业里面有70%～80%的服务公司仍然停留在没有市场机制的垄断状态下，即便是引入了市场机制的少部分服务公司，也因为行业的整体拖累，存在许多不完善，因此在供水行业中确实存在一部分的成本"水分"。

多年的价格和成本管理已经证明，挤掉这部分"水分"仅仅靠行政性的成本监审是难以完成的，监审主要是合法性审查，对合理性和科学性审查则难以实施，合理性必须通过竞争机制的实现，而竞争机制的完善就需要深化改革。

目前，特许经营制度的改革与完善正在进行，随着改革的深入，出现了一些改革中的问题，形成传统势力的阻力，有些人开始质疑市场化改革，认为水务还是传统的国有垄断经营比较安全。在自然垄断的经营特征之下，如果水务行业里面不引入市场机制，就没有办法让老百姓信赖政府的成本约束和价格选择。

目前的两难是，水务服务的市场化体制建设并不健全，调整水价可能会面临部分收益被利益集团吞噬的危险。但是不调价，水务服务又面临基本保障的威胁，因为中国的水质服务、水环境已经到了非常严重的地步。

改革是制度的变革，会在局部会出现不平衡、不公平，但是应该快速通过这一区域，在改革中解决问题，寻求新的平衡，而不能畏难不前。中国的改革摸索就是从"让一部分人先富起来"的不公平中这么走过来的。应该看到，与其他垄断行业里面成本不公开、成本不合理的问题相比，水务行业总体做得还算不错。没有改革的垄断行业实际上不透明的东西更多。目前污水领域有50%已经进入了市场竞争，供水领域有20%～30%进入了市场竞争。水务服务在人均消费支出中的比例很小，却支撑了基本的水务服务水平。中国水务服务在发展中国家居领先水平。我们主张，应该客观地看待和评价水务服务的成绩与问题，也应该积极鼓励和支持有关部门继续深化改革，完善特许经营制度，也要让老百姓配合起来，合理调整服务价格，保障安全服务。

在完善特许经营制度的同时，价格管理部门也应努力建立绩效管理评价体系，健全成本监审制度，以帮助地方政府识别平均服务成本，这将有助于对没有经过准入竞争就进入水务领域的公司进行成本和价格约束。

如何在供水的自然垄断中引入竞争机制？

城市供水具有自然垄断性质，如何在自然垄断行业中引入市场机制约束成本、保障服务是国际水务的共同难题。竞争机制的设计一般包括两大类型，一是准入竞争，二是过程竞争。

准入竞争简单地讲，就是政府拥有资产的前提下，面向社会公开招募专业化的服务企业，让专业服务企业在一定的服务质量要求下，通过服务价格的高低来竞争一定期限内的服务权，这种模式就是特许经营。这种模式保持了政府的最终产权所有和最终的服务责任，有些类似业主委员会招募物业管理公司，不过水业服务的期限要长，服务的内容、难度和专业性更强。

过程竞争是在不能设计准入竞争模式控制成本保障服务的情况下的必要手段。简单的讲就是通过服务企业之间科学的成本和服务水平比较，知道服务企业的合理成本，并以行业平均成本为基础形成服务价格。这种管理称为绩效管理，也称标杆管理，在国际水务同行中广泛采用，但是需要经营企业一定程度的信息公开和统计的准确性，这些信息是进行横向比较的基础。根据中国供水行业的经营现状，针对国有公司一般已经难以设置准入环节，因此过程竞争的设计对控制服务和成本就非常重要。中国正在制定的成本监审办法，走的是这条路。

在过程竞争的管理模式下，针对价格管理，有两种不同的方法。

一种是激励型定价模式，这种定价模式的典型代表是价格上限定价模式，英国采取这种过程竞争模式。简单地讲就是根据通货膨胀率和效率提高因素，5年定死一个调价公式，企业可以在满足服务条件的基础上，调整自身的成本，追求利润水平最大化。

另一种定价模式是成本价加成模式，这种模式现广泛实施于美国、德国等大部分国家，包括中国。这种定价方式是在保证企业能够收回全部投资的前提下，通过控制企业成本和制定企业投资回报率的合理空间，使企业得到有限但公正的报酬。这个公正性关键在于企业的定价成本是否科学、合理。

1998年，由当时的国家计委和建设部出台的《城市供水价格管理办法》中规定：制定城市供水价格应遵循补偿成本、合理收益、节约用水、公平负担的原则，确定了我国城市供水价格由供水成本、费用、税金和利润构成，明确了企业平均净资产利润率为8%～10%。这一规定奠定了中国成本加成的供水水价原则和基础，既为供水企业留以一定合理利润的空间，又为政府监管的实施留有余地，同时也体现了公用事业的社会福利性。

2004年1月执行了《水利工程供水价格管理办法》同样承袭了成本价加成的模式，成为工程水价的另一个组成。

2006年3月国家发改委颁布的《政府制定价格成本监审办法》开始实施，2007年8月国家发改委颁布的《定价成本监审一般技术规范》开始实施，为政府价格主管部门的成本监审提供了法规依据。但是这些规范都是针对社会全行业的总体规定，并不针对供水行业，因此条款设计比较原则，缺乏有行业特点的针对性,需要在此基础之上根据行业特点制定更具体的规范。

虽然这两个部门规章比较原则,却为供水成本监审明确了几个重要的原则:一是合理性原则,即影响定价成本各项费用的主要技术、经济指标应当符合行业标准或社会公允水平。其次是平均成本原则,即在综合考虑水源和水质保障的情况下,以供水行业的平均成本来确定服务公司的服务价格。第三是鼓励效率提高原则,即让效率高,服务质量好的企业获得更好的收益,以促进行业整体发展水平的提高。

但是,由于供水属地性强的市政设施特点以及自然垄断的经营性质,使其在单一城市中的市场主体相对单一,而中国的供水服务信息公开程度极差,因此如何获得合理的平均成本来衡量某一企业的成本具有相当难度。这也是供水成本监审办法非常必要,却迟迟不能出台的原因。

三个手段保证水价改革的公平与效率

众所周知,供水是政府提供给老百姓的公共服务,国际上的基本观点认为供水不是普遍公共服务,所以执行受益者支付原则。供水的公共服务特性与使用者支付原则或者说受益者支付原则并不矛盾。

要实现二者的结合,体现水价改革中的公平与效率问题,需要使用三个连环手段。

一是提高价格,覆盖高水平服务的全运营服务成本。

对于水价可提高的空间,国际上和世界银行一般是按承受率测算的,世界银行给得高一些,说不超过5%;国际上一般通行的是2%～3%,中国大概在1%～2%左右。中国在2%以下的水价支付比率都是合理的,如果超过3%的话,政府对贫困人群采取一定的补偿机制也未尝不可。从这个角度讲,我国水价在合理承受力上还是有空间的。另外还要看政府的态度,如果政府给低收入人群补偿得多,水价的空间就会大。

水价改革的终极目标有以下几个:一是要真正体现我国水资源的稀缺性,这是国家制定的目标,因为水价里面担负了一定的政策性质。从运营成本来看,应当按照国际运营标准要覆盖全运营成本,我们建议的模式是:沉淀性资产投资由政府投资,实施资产和经营权适当分离,这就要求政府更多地进入到投资成本。如果政府承担一部分资产回报的成本,这部分就不会进入价格范围,从而在高的服务标准之下,缓解部分公众支付压力。所以,水价覆盖全运营成本加上合理收益是基本目标,运营全成本是需要消费者支付的,而不能简单作为全福利完全让政府税收来支付,这样不利于节约,也不能体现收益者支付的原则。

在这个目标之下,随着中国水环境治理的到位和水质保障的加强,也可能有一天水价会降下来,但是对于中国而言,可能还须时日。

二是健全政府对穷困人群的补贴机制。

政府提高水价,在提高价格的同时还要考虑对弱势群体的保护,因为价格提高了并不是所有人支付得起,对贫困人群进行补贴是国际上一致的做法。间接方式是,通过社保,考虑水价增加的因素来增加社保,最好能够明确补助的水价因素。还有直接的方式,就是用水补贴,老百姓用水在最低水量之下政府允许其少付钱甚至减免,这种形式的补贴是最有效的。

提高水价的同时,政府对城市里真正支付不起基础水费的人做一定减免。那么,实际上自来水的价格只是对富裕人群或者能支付得起的人群增加了,而这样水价收入的总量是增加的,但是并没有增加弱势人群的压力。

中国在制定这个措施的完善上还需要有一定的过程,但是从某个角度来讲也在做了。

所以说,水价要由消费者合理担负,而并不是完全由消费者平均担负。如何能让消费者担负的负担总体上轻一些呢?政府有它的投资责任,要由财政列支部分来支持基础行业投资以体现它的公益性,另外重要的一点就是,政府从社会保障角度要保障低收入人群的用水,降低他们的支付压力。

三是服务的公开化及成本的透明化,建立绩效管理体系,让平均成本成为定价基础。

现阶段,消费者对于水价上涨有很强烈的抵触情绪,其中一个很重要的原因就是供水成本的不透明,以及对自来水公司服务水平(水质等)和成本约束机制的不满。因为供水是公共服务,需要让被服务者充分参与。在我国主要通过听证会的形式,但听证会象征意义大于实际意义。基本上,让外行在几天之内或者一天之内要对审计报表、成本监审全部了解,是不现实的。很多人反对涨价,听证会基本上成了一个撒气的地方。

应该做到真正的公众参与,因为要调整水价不仅是国家和企业的意志,也是为保证老百姓健康安全着想,所以,应该是更广泛、连续的群众参与。没有公开化的机制为基础,靠听证会不会有实质性的作用。

把水价的成本透明给老百姓,不一定是全部的细节,至少是一些关键性的服务和成本指标,因为再多的细节老百姓也看不明白。就像上市公司一样,发布年报、半年报、季度报,这个报表是不能随便改的,应该按上市公司一样对待,自来水公司要发布自己的相应统计数据和基本的经营数据,这个数据是老百姓以听政方式进行参与的基本手段和基础,也应该是调价的基础。

如果这三个连环手段能够得到很好的结合，那么，水价改革的公平和效率问题就有基本保证。当然要进一步的完善，还有更多更细致的工作需要政府、企业和公众三方配合来完成。

水价是企业、公众与政府的三方平衡

城市供水的公用事业性质决定其主要相关方为政府、供水企业、公众三方，由于其区域性特性，地方政府负担起其相应的投资、弱势群体保障和服务质量监管责任，政府的作用在城市供水成本以及水价控制中起着举足轻重的作用。城市政府在实施政企分开，彻底转变为市场监管者之前，供水企业与政府之间是隶属的行业管理关系，政府与水业设施的规划、投资，甚至供水企业运营管理的诸多方面都有密不可分的关系。

因此，在城市供水定价中，不是公众与企业的两方博弈，而是政府、供水企业、公众的三方利益平衡。需要充分考虑地方城市政府长期行业管理所产生的遗留问题，不宜将前期成本中地方政府的责任简化甚至忽略，既不能简单将全部成本进入水价，由公众负担，也不能简单地全部推给定价成本之外由经营企业来通过经营消化。应当将前期不合理的建设经营责任，建立在政府、供水企业和公众三方协同体系之上，合理确定定价成本，避免形成目前城市水价提价过程中企业与公众的简单对立关系。

即便不考虑政府在前期建设中的责任，对于城市供水这样的市政公用设施而言，是公共服务的重要内容，政府以财政投资的形式，承担一定经济性责任也是体现"以人为本"的理所应当。

政府应如何落实在供水领域的公共服务责任

谁都知道城市供水是基本的公共服务,而供水实施以价格为核心的使用者支付原则,让被服务者承担全部运营成本,那么政府在城市供水中的公共服务责任体现在哪里?

政府有义务保障城市供水实现可靠的服务质量、可持续的服务、均等性服务、效率提高和合理的服务成本。为了这个目标,政府可以选择自己通过事业单位来服务,也可以选择企业来经营。在中国,政府自己经营供水持续了几十年,虽然收费低,但是服务差、效率低,换来了"水霸"的名声,已经被社会所放弃。

特许社会企业经营并不妨碍城市供水的公共服务性质,政府仍然对城市供水负总责,企业服务出了事,政府应该承担第一责任。

供水价格不仅是企业与公众的博弈,更是包括政府在内的三方平衡。由于其区域性特性,政府尽到公共服务责任体现在以下方面:通过监管实现对供水服务价格和服务质量的约束,通过适当的投资补助来调节总体服务价格,同时以定向性的弱势补助来实现服务的均等性,让属地所有人享受同样质量的服务。

对目前中国供水而言,水价监管缺乏科学性和公开性,水质监管存在体制性缺位,服务监管也有待加强。

因为供水是政府提供给老百姓的公共服务,但是供水不是普遍公共服务,所以国际上叫受益者支付原则。不主张完全拿政府税收的钱支付供水成本,因为这对没有享受供水服务的人群是不公平的(目前城市供水服务人口不到 4

亿人),所以一般供水叫全成本核算,要通过付费负担基本运营成本,但是,收益者支付的原则不排斥政府特定的投资义务。

但是,我国政府在城市供水中沉淀性资产的投资却长期存在缺位,2008年底,国家出台了4万亿的投资拉动计划,许多方面照顾到了,唯独将城市供水排除在外,近20年来很多政府基础设施专项列支里都很少有供水的钱。

由于政府的投资缺位,将所有供水设施的投资成本全部推进了价格,造成过大的价格压力。部分城市的国资部门甚至通过供水资产溢价转让,从供水行业中抽离资本,更是对供水公共服务责任的放弃。

目前,水环境恶化,水源地已经不是二三十年前的水源地了,大量污染水源产生,原水现在合格率是不能乐观的。原水污染的环境代价由城市供水行业担负,而水环境污染的收益已经部分体现在了政府税收之中,因此需要一定程度的政府投资和中央政府的转移支付来补偿。

另外,一户一表及配套管网的改造都是服务于政府社会目标的投资,不简单适用于使用者支付的原则。因此,建议政府财政专项列支,集中完成水表改造和管网更新投资,为阶梯水价的有效实施解套,尽到政府应尽的公共责任,降低水价总体压力,让公众支付的水价集中覆盖运营服务成本。

政府城市供水的公共服务责任,除了沉淀性设施的投资之外还包括对弱势群体的补贴,以实现供水公共服务的均等化。政府在提高价格的同时还要考虑对弱势群体的保护,因为,价格提高了并不是所有人支付得起,对贫困人群进行补贴是国际上一致的做法。间接方式是,通过社保,考虑水价增加的因素来增加社保。直接的方法就是用水补贴,老百姓用水在最低水量之下政府允许其少付钱甚至减免。

阶梯水价不仅实现节约用水，而且本身也是实现政府定向补贴的一种有效机制，因此在实施上需要政府推动和投资。

水价改革任重道远

如何通过水价改革，建立科学合理的水价管理体系，是一项系统工作。下面我们就大众关心的几个话题，谈谈自己的看法。

水价和成本管理之痒

要具体实施成本和价格管理，面临一系列专业性难点，这里仅列举几项：

一、中国各城市供水成本的差异明显

同为垄断性公用设施行业，城市供水行业区别于电力行业，是具有典型的区域性特征。由于水的传输成本非常高，难以在大的范围内对供水自由调度，不可能建立全国性的运输管网，调节全国供水市场，因此我国城市供水行业实际上是在各自区域内实行垄断经营，地方城市政府作为责任主体。不同地区的水资源条件、城市规划和布局、供水市场发育程度、供水企业经营与技术水平等决定了各城市间的供水成本差异巨大，导致成本监审部门难以简单明确而单一地确定合理的成本和监审标准。

二、人员成本面临尴尬

城市供水行业由于垄断经营特点，在传统供水公司普遍存在人员臃肿现

象,影响了城市供水的成本。但是,富余人员很大比例源于政府的社会安排和人情安排。调研发现,自来水公司人均收入比当地人员收入一般高出20%,部分中小城市甚至更高。传统的城市供水行业人员成本是通过设定企业定员标准和人均工资标准来予以规定,但社会普遍争议很大,而人员数量与制水工艺、规模、抄表方式等因素相关,难以统一核定。

三、主业与副业的利益转移

目前,大多数城市供水企业的财务状况并不好。但是,很多企业虽然账面亏损,可是企业经营和福利仍然可以维系在较高的水平上。主要有两个方式实现这种不协调。一方面是供水企业通过加速折旧,尤其是占供水资产50%的管网的加速折旧,得到充裕的自有现金,其中一部分用于主业相关设施维护建设,其他则用于支付各种费用,加速折旧使成本增加,一定程度造成账面亏损。另一方面,一些成本通过协议形式合法转移进入副业公司,大部分主业企业得到副业的补贴,企业通过财务管理,进行合法的主副业相互调节。这些转移一定程度是由于没有形成合理的价格形成机制所造成的恶性循环。

四、基础数据缺失

由于城市供水以传统公用事业方式长期垄断经营,目前中国城市供水企业普遍缺乏详细的基础统计资料,很多关键的水量平衡数据、运行参数、水质状况等数据没有形成完整的统计体系,水量计量薄弱;同时许多关键数据,如漏损率存在普遍的失真问题。行业内缺乏有效的数据共享与服务技术系统和服务机制,增加了成本监审的难度。

五、供水公司的其他政策性支出

调研发现,一些城市供水公司迫于地方政府城市建设的压力,为其他城市建设项目提供了贷款或担保,这些部分亦间接进入了水价成本。也有一些城市为了配合当地政府的引资政策,对定向企业减免了水费。也有少量城市政府及事业机构少付水费,等等。这些政府因素导致的社会成本最终会体现在价格之中。

此外,产销差严重失真问题、设施超前建设产生的成本问题、投资成本差异性问题、折旧年限的确定及折旧资金的使用问题等,都是制约价格管理的难点,这里不再展开。

如何看待和推进供水成本公开

2010年初,国家发改委就供水成本公开公开向社会征求意见。鉴于供水成本公开对其他垄断行业可能产生的示范作用和影响,水价成本将在何时公开,以怎样的形式公开,公开到什么程度,这些问题受到行业内外的广泛关注。由于我国地区经济发展不平衡,不同地区供水企业管理水平、各项技术指标等差异较大,如何制定一个科学合理的成本公开方案,确实是水业改革进程中的一个难题。在中国经济发展不平衡的现阶段,"增量控制法"不失为一种可操作性强的成本公开方式。

一、成本公开公开的是政府的尽责程度

对于城市供水和污水处理这种公共服务而言,价格与成本有必然的联系,但是价格不等于成本。

目前社会简单地把服务成本等同于价格,社会对涨价与否的关心被吸引到成本上。实际上水价在居民生活支出中所占的比例并不高(全国城市平均在1%左右),并且公众对于支付适当的水价,总体是通情达理的。之所以在水价成本上产生如此之大的社会压力,核心问题是行业本身的责任体系的混乱没有得到解决。地方政府不能再继续拖延和回避所应承担的社会责任,而是要借这次成本公开之机,把政府、企业和公众的关系加以明确。

在长期借钱发展的背景下,现在供水企业的负债率很高,又面临2012年新的供水水质标准的强制性执行,已经到了无以为继的地步。这种状况不是公众导致的,而是两个方面的原因导致:一是建设部门对供水行业的公共服务特性定位不清和指导偏失,二是地方政府的公共服务责任没有尽到和财政投入缺失。目前北京、上海、深圳等核心城市的政府供水财政补贴机制已经在建立之中,这应该成为发展潮流和趋势。

因此,适度的成本公开不是一味公开成本细节,更重要的是公开政府、企业和百姓的责任关系。这种关系的公开才是百姓所真正关心的。有人经常把政府、企业和公众的三方关系简化成企业和百姓之间的"讨价还价",政府成为旁观者,这种简化是不合理的。企业的每一分投入,不论是以贷款还是股本投资等何种方式,最终都会计入价格并转嫁给百姓,而政府财政补贴才能平衡公众支付的水价。

所以从本质上讲,水价高低是政府与社会公众的"讨价还价"。通过成本公开,可以把这三方的关系讲清楚,也可以给地方政府适当的压力来承担起应尽的责任。

二、逐步建立供水成本的绩效标杆体系

水业改革历史遗留问题增加了成本公开的难度。我国的供水行业,从传统的国有事业单位,到国有企业,再到现在的外资、合资、民营企业、国有股份公司等各种形式的多元化发展,改革过程中必须面对已经形成了的一系列错综复杂的历史问题。这其中有政府的责任,也有企业的责任,历史上的孰是孰非已经很难区分,这增加了成本监审和价格管理的难度。

我国目前只能在企业个体的层面上对企业成本进行监管,缺乏一套有效的整体绩效评价系统,来统计测算整个行业平均成本。当然,由于各地的发展水平不同,一些因素以政府关联的因素难以进行统一比较,企业不愿意进行全面公开。尽管存在一定的地区特殊性,但供水领域的大部分环节都是可以进行科学的统计分析和评估的。我们不能把历史欠账全部摊给公众,而应借水价成本公开的机会,在未来的一段时间里,充分收集、统计和归纳数据,形成一套基于行业的绩效管理办法。

国际上已经有很多这样的案例,也称"标杆管理",其所涉及的绩效管理不仅是成本,更要包括服务的水平,它衡量的是在一定服务水平、一定范围、一定产出之下的合理成本。相对完善的评价体系,无疑将成为政府成本监管、识别合理价格的有力工具,进而科学引导行业向正确的方向发展。

三、过度期可以采取增量控制法

在尚未形成上述绩效评价体系的过渡阶段,成本管理建议采用"增量控制法"。所谓"增量控制法",可以归纳为"淡化存量、算清增减、核定价差"。也就是说,在成本公开和调价的过程中,将历史成本视为"合理",对增量部分则加以详细清楚的说明,比如新建项目的开建依据、新增了多少人员成本等。

"增量控制法"非常适用于供水改革过渡时期的具体国情,可以化解很多历史矛盾,在承认过去成本的基础上,用科学的方法和过去进行比较。国家在节能减排方面也创造性地使用了类似的方法,因为环境统计同样错综复杂,过去真正排了多少污染物已经很难测定,但又要按照"十一五"规划降低COD和二氧化硫10%比例的排放量。同样是家底不清、管理相对混乱、发展多元化的水业领域,不妨使用"增量控制法",重点公开增量部分,在实现成本适度公开的同时,也可化解全部成本公开导致的难度过大,提高成本公开的可操作性。

阶梯水价为何难以实施？

谈起累进式阶梯水价，相信很多人不会陌生，简单地说，就是按照节约用水的要求，把用户使用水的额定用水指标分成不同价格梯次，不同的梯次实行不同的价格，额定用水指标内的用水价格定于"百姓承受范围之内"。超出该用水指标及定额后实行价外加价，以高于多倍的"百姓承受范围之内"普通价格来收取水费，超用越多，水费越高，从而以经济杠杆的形式促使用户自觉地节约用水。

一般来说，累进式阶梯水价可以分为三个梯次：第一梯次是保证居民基本生活的需水量，在这个梯次范围内，水价较低，市民都能够承受水费的支出；第二梯次是为了改善和提高生活质量而增加的用水量，水价一般为第一梯次范围内用水价格的两倍左右；超过第二梯次范围内的用水量为第三梯次，是为了满足特殊要求的用水量，比如家庭泳池用水等，实行较高的价格。

累进式阶梯水价是国际通行的促进节约用水，同时保障弱势用水者利益的手段。1998年开始国家就明确要求推进阶梯水价，为什么到现在只有宁波等个别城市能够做到？主要有以下原因：

一是阶梯水价需要一户一表为基础，水表改造费用由谁承担，责任不清。

阶梯水价实现的前提是一家一个计价水表，就是每户都有一个抄字收费的表，行业里称为"抄表到户"。抄表到户了，才能实现阶梯水价，不然就不能知道每家用多少水。

实现抄表到户是一个供水公司管理水平高低的重要标志，因为抄表到户就要求供水企业有更高的控制管网漏损的能力，就要求供水企业有更多的收费和服务成本。而我国现在基本上还没有真正实现了100%抄表到户的城市，这也一定程度地体现了我国供水行业的服务水平。

要在现在的基础上,实现一户一表,就要进行改造。改造不仅有一笔不小的费用,还有不小的阻力。自来水公司在改造的时候有一定的来自自身的阻力,抄表到户的改造意味着中间一部分漏损自来水公司要负担了。原来的一个大表,分成十几个小表。一个大表的时候,出厂水和到户水之间的差额(部分漏损)是由居民承担的,而一户一表的情况下,这些漏损就要由自来水公司承担。所以,从经营的角度出发自来水公司不愿意往末端走,对户表改造的积极性也不高。如果让供水公司承担改造费用,也就更加困难,而让居民自行承担水表改造的费用也是不现实的,因为他们对水价还有一肚子怨气呢,怎么愿意承担额外的费用?

二是计量方式的障碍,阶梯水价使抄表和收费难度加大。

原来的情况下,可能是自来水公司两个月抄一次表,而阶梯水价就需要更加严格和准确的抄表和收费,成本会增加。另外,现在大部分的新小区,使用了预先缴费的IC卡水表,就是你一次可以买一定量的水,这些水用多久都是用户掌握,价格是同一个价格。使用这种水表的小区难以使用阶梯水价的计量方式,除非再花更多的钱,把各家的水表改成智能水表。

除此之外,阶梯水价还需要自来水公司增加抄表方面的人力投入,因此实施阶梯水价需要在一定的供水服务水平之上。

我们认为,抄表到户与阶梯水价密切相关,既然是公众收益,社会收益,就应该政府主导投资。长期以来就是由于政府回避投资责任,使阶梯水价成为空话。所以,如果要想阶梯水价落到实处,政府的投资应当有一部分要投到水表改造上,这样的投资是最需要的。因为这部分钱,供水企业投不出来,老百姓也负担不出来,与其建很多没有实际作用的过多的基础设施,不如投到民生上，让民生落到实处。

水价听证会的误区

水务服务水平的提升带来成本的增加社会已容易理解，此轮水价调整之所以强烈触碰到百姓的敏感神经，更多是因为百姓对相关企业"犹抱琵琶半遮面"的经营现状存在不满，听证会因此成为公众和自来水公司以成本为核心进行博弈的舞台。

但是，在水价这个杠杆的两段，一端是公众，另一端却不是自来水企业，而是政府。

城市水务服务作为一种公共服务，涉及政府、企业、公众三方关系。其中，政府是此公共服务的责任主体，处于三方关系的核心位置。一方面，政府决定着公众所要支付的用水价格；另一方面，政府决定着企业以什么形式为公众提供水务服务。

无论哪一种服务形式，政府直接提供也好，企业帮助政府提供也好，水务服务成本的承担主要有两种形式：其一是从政府财税收益或土地收益中拿出一部分做公共服务，这样百姓可以不付费或少付费；另一方式完全由百姓来付费。在公共服务总成本中所支付的总成本中，由公众支付的那部分费用，称之为水价，这是水价的本质，也就是消费者所承担的支付责任。

水务服务成本究竟是由财政税收来支付，还是由百姓用水价来承担，还是两者组合负担？这是财政政策的选择问题。水务行业并非像电力、铁路等属国家负责的公共设施，而是地方市政设施，中国的地方政府"受困"于《预算法》，限制了其融资能力，也受制于地方没有开征物业税，地方政府的水务融资渠道十分有限。为此,1998年的《城市供水价格管理办法》就确定了由终端使用者,即消费者来支付用水成本的原则。这一原则目前仍然是主要的政策原则。但是需要强调,由消费者付费的原则并不免除政府责任,政府仍然需要与百姓协商对用水成本的价格分摊。

举例说,10块钱的水务成本需求,百姓少出,政府就一定要多出,政府少出,百姓就要多出,不能指望自来水企业成为"又跑又不吃草"的马。如果支付总量不足,就会影响服务的水平和质量。而供水质量关系着百姓的健康和生存,也关系经济发展。所以,水价本质上就是在政府和百姓间寻求平衡,政府和百姓需要进行商量,也就是需要对总服务成本中需要由公众支付多少、政府补多少进行协商,这种协商就是听证会。

以上分析我们看出,消费者所负担的水价,并不是供水公共服务的全部成本,政府补贴也是公共服务的成本组成。另一方面,水务服务的总成本不仅是自来水企业提供服务的这部分成本,有相当一部分是政府公共服务的成本,如节水管理、环境治理、资源保护等。从目前北京的水价组成来看,自来水公司真正能拿到的费用不足水价的50%。水价中的绝大部分是"费"和"税",是自来水公司收取后交给地方财政的钱。

所以,针对听证会需要澄清几个误区:听证会本身并不是百姓和企业之间进行的讨价还价关系,而是公众与政府的协商关系;水价的决定因素不仅仅是服务成本,而且要包括公众的支付意愿和支付能力;公众支付的水价高低不仅取决于成本的高低,而根本上是取决于政府财政政策的取向;水价问题不仅是百姓跟企业间的两方关系,而是包括了政府的三方关系;公众参与听证会的本意是表达民意,实现政府与公众的沟通,而不是让非专业的公众对供水成本进行专业性的审查,因为即使是专业人士,也很难在短期内对其成本的合理性进行有效判断。

目前的水价听证会已经基本迷失,如果能够理清这些关系,我们不难理解政府、公众代表以及供水企业在水价听证会上所面临的尴尬和质疑。事实上,让百姓与企业面对面在听证会上进行以成本为核心的较量是不妥当的。

政府补贴为什么关照公交而忽略水价?

2009年北京水价调整方案确定,计划每吨上调0.9元,主要包括水资源费和污水处理费,这两项都是政府委托自来水公司的代收费用,而不是自来水公司的收入。这个分三年实施的计划,第一个0.3元/吨,已经实施。简单算一笔账,北京一年的供水量约为10亿吨,0.9元/吨的涨价,北京一年因为用水价格增加的费用不足10亿元。而北京一年在公交方面的补助就在百亿元。水务作为最基本的民生,难道还没有公交重要?当然不是。

虽然从资金总量和支付能力上,北京政府完全可以不向百姓收取水费。但是,政府在巨大压力之下仍然选择了涨价,首先是从水资源合理利用的角度出发的。在各地水价纷纷上涨,对于水价上涨的原因众说纷纭的背景下,"促进节约用水"成为政府对外宣传水价上涨的主打理由。

水资源在世界范围内都呈现稀缺,现在世界主要国家都选择了利用价格杠杆,来约束水的使用。提高资源性产品的价格是一种国际趋势,对全球产业结构的调整将有实质性的影响。

从中国水资源的紧张形势来看,水价总体偏低的背景下,水价的提升确实有利于公众认识水资源的价值,促进节约用水。但也需要看到,当水价高到一定程度时,再提高价格,对百姓用水的影响程度就会逐渐递减,对节水意识的提升将不再有太大影响。

但是从中国总体而言,水价调整更有利于在经济社会中的资源价格及劳动价值的有效分配。对于北京这样的城市水资源紧张的城市,一个相对较高的资源价格能够反映出水在经济社会中的合理价值。另外,中国作为一个出口型国家,若低估了自身水资源的价值,也会对国家资源造成透支。

因此,国家总体提高资源价值的总体方向符合国家利益。目前在国家发改委的努力下,水价、油价、电价等资源性产品的价格都在提高,这有利于改善我国的经济结构,有利于促进节水型的社会的发展,有利于产业结构调整。

事实上,这10年来,中国城市居民人均用水量持续下降,这与我国水价调整和产业调整有很大关系。就北京而言,北京的人均用水标准已接近合理值,但也仍然有进一步节省的潜力。

另外,水价的提高还可以加大自来水和中水的级差。目前我国的污水回收率有大幅提高,但中水利用市场方面并没有拓展开来,因为自来水和中水的价差不大,百姓不愿意用中水。因此,虽然自来水价格的提升促进实现少用水的效果已经逐渐变小,但还是会带动中水的使用,客观上会降低对水资源的总体使用量。

还有一个重要的原因,使政府的补贴不愿意流向水务服务。政府将总体有限的钱大量补贴投资公交、地铁等能够为其带来更多土地增殖收益的地方,这是目前中国地方政府比较普遍的"经营城市"的理念的体现,这些做法也一定程度推高了房价。而政府在水务服务补贴,只能惠及民生,几乎没有给政府带来因为外部溢出效应而产生的额外收益,因此,在政府补贴中水务经常被有意无意地"遗忘"。

需要强调的是,对于水资源价格的调整尽管有其合理的理由,但是百姓所对应支付的部分必须是合理的,水务服务的质量也必须得到稳步的提高。因此,当在水价达到一定的均衡程度之后,当仅靠水价不能满足服务质量要求的时候,无论是否有外部收益,均需政府的补贴。而弱势群体和他支付能力比较困难的人群,更加需要在资源政策执行的同时,优先考虑补贴。

破局"低质低价"的尴尬

城市水务是一个非常重要的公共服务领域,是县以上的人民政府作为责任主体需要向公众提供的、最基本的公共服务。建国60年、改革开放30年来,在政府的努力下,我国供水能力和供水覆盖率都得到了迅速提高,污水行业处理也取得了非常迅速的发展,但也仍存在着"低质低价"的服务现状。

"低质低价"的困境因何而来

首先就供水领域而言,供水基础设施大部分于建国后陆续建设,是针对传统的比较合格的水源而设置的,是按照于1985年发布的36项饮用水标准而设计的供水设施。经过多年运行,管网方面存在着管网老化、管材低劣、超负荷运行等长期欠账问题,影响了供水水质的保障。供水基础设施正面临着大量的提升改造。

同时,随着经济的发展,很多污染物质,特别是"三致(致癌、致突变、致畸形)"物质均在通过各种途径进入供水水源,威胁着人类健康。全国4 000多家自来水公司的原水合格率低于70%。而在水源污染日趋严重的同时,低质服务问题也正在逐渐浮出水面,现在全国36个核心城市供水服务价格的平均值仅为约1.4元/吨,全国则更低。而且这种比较初级的服务状态,已逐步形成了很大挑战。我国已于2006年出台了新《生活饮用水卫生标准》,要求在2012年全部达到和欧盟、北美基本接轨的105项供水标准。

在污水处理方面,低质低价的服务状况同样存在。经过十年的飞速发展,2009年底我国的日污水处理能力超过10 000万吨,污水处理率接近70%。但是这仍然远远不够,按照国务院的规定,核心城市污水处理率需要达到100%,而且绝大部分乡镇污水没有得到处理,仅将污水简单处理排放的情形很难再持续。而我国污水处理费是从2002年、2003年才开始陆续征收的,现在全国污水处理费的平均值仅为0.4元/吨,我国污水处理投资欠帐和运营费缺口正越来越大,地方政府已难以承受。

低质低价的服务还体现在污泥处理方面。现在我国每年可处理200多亿立方米污水,随之会产生千万吨的污泥。而包括北京、上海这样的核心城市在内,绝大部分污泥没有得到妥善处理。按照国际通行的基本测算方法,污泥要得到完全处置,其处理处置费用实际上与污水处理费用相当,而污泥处理费用基本没有稳定来源,没有任何地方得到合理落实。

水务服务需要政府、企业和消费者三方的投入

中国城市水务服务尚处低水平状态,随着经济的发展,为了公众健康,全面提高水务服务质量必将成为社会公同的目标。我国政府已做出相关规划,要求提高供水水质和覆盖率,提高污水处理普及率,提高污水处理标准,同时也对污泥处理提出了要求。这必然会带来工程成本和基本服务成本的提高，需要政府的投入，也需要消费者的支出。政府投资会形成对经济的投资拉动，而提高消费者支出，则能够拉动城市水业的服务业转型，形成消费拉动。

作为消费者，自然会期望水务服务能够"高质低价"。如果政府给予足够的补贴，确实能够实现高质低价，但是对于资源性行业来说，"高质低价"会造成资源的浪费，同时由于中国世界工厂的地位，也会造成国内资源的不合理透支。另一方面，水务服务属于地方政府主导的公共服务，在中国目前的财税体制之下，资金集中在中央，地方财政捉襟见肘，难以支撑服务提高的大充分投资，而中央财政的转移支付并不通畅。因此，不难理解中国水务服务的归宿会在"高质合理价"，当然提高水价的同时，需要考虑对弱势人群的补贴机制。

2011年年初，中共中央、国务院发布了中央一号文件《关于加快水利改革发展的决定》。文件提出了我国未来水价改革的基本方向："积极推进水价改革。充分发挥水价的调节作用，兼顾效率和公平，大力促进节约用水和产业结构调整。工业和服务业用水要逐步实行超额累进加价制度，拉开高耗水行业与其他行业的水价差价。合理调整城市居民生活用水价格，稳步推行阶梯式水价制度。按照促进节约用水、降低农民水费支出、保障灌排工程良性运行的原则，推进农业水价综合改革，农业灌排工程运行管理费用由财政适当补助，探索实行农民定额内用水享受优惠水价、超定额用水累进加价的办法。"可以预计，未来的水价改革，将会按照这一方针稳步推进。

要允许高效率的优秀企业有较好的收益

城市供水行业长期存在效率低下、水价偏低、服务水平低下的现象，引入市场机制的主要目的之一就是要促进服务和效率提高。成本监审是最主要的监管手段之一，因此，监审办法中应贯彻激励高效的方向和原则，达到防止虚高成本与提高企业效率的双重目标。

首先可考虑将核心控制指标，如产销差率、自用水率、职工薪酬等指标，设定上下限，超出上限依据上限，低于下限，取用下限，通过各种手段使得管理和技术水平先进的企业获得较高的效率收益，促进行业效率提高。另外，对超前建设、漏损率比率等指标考虑历史因素，并保持一定时间段（如3年）不提高，鼓励企业提高效率，收益主要归企业，在期限到期之后，以数据为基础，重新确定新的指标，鼓励企业增强成本约束机制，提高管理绩效。

对于服务水平和成本控制显著由于行业平均水平的优秀专业公司，要允许其有合理的收益，鼓励实施规模化、专业化服务的扩张，提高行业整体水平。不能统一用"保本微利"衡量所有服务公司，微利应该是一个行业平均的概念，而不是所有个案的高限，否则会打击企业提高服务、控制成本的动力，行业一定会陷入低质低价的恶性循环。

用服务和质量实现"人水和谐"

在我国，水资源的利用和管理正在受到前所未有的重视。2011年中央一号文件《关于加快水利改革发展的决定》指出，水是生命之源、生产之要、生态之基。不仅关系到防洪安全、供水安全、粮食安全，而且关系到经济安全、生态安全、国家安全。因此，需要实行最严格的水资源管理制度，建立用水总量控制制度、用水效率控制制度、水功能区限制纳污制度和水资源管理责任和考核制度。文件还明确提出："要坚持人水和谐。顺应自然规律和社会发展规律，合理开发、优化配置、全面节约、有效保护水资源。"

令人欣喜的是,在我国目前的城市供水市场,已经有一些企业充分认识到切实履行社会责任、倡导"人水和谐"理念的重要性,江苏江南水务公司就是其中之一。江南水务将"人水和谐"作为公司发展的重要战略,致力于用服务和质量实现"人水和谐"。

江南水务公司所处的江阴市系国内最为富庶的城市之一,居民消费能力强,城市化发展速度较快。本着"用户至上"的企业宗旨,公司十分重视对社会的服务,并以高于《江苏省城市供水服务质量标准》向社会公开服务承诺:发生突发性爆管,接报后,1小时内抢修人员到达现场,3小时内止水;无特殊情况DN300以下的管道24小时内修复通水,DN300—800管道在36小时内修复通水,800毫米及以上管道在48小时内修复通水。经统计,公司近两年抢修及时率均达到100%。据公司测算,对照《江苏省城市供水服务质量标准》中关于抢修时间的规定,公司由于抢修更加快速与及时,由此减少的损失在2008年和2009年分别为150.75万元和174.12万元。

江南水务公司实施严格的内部管理,保证产品质量,自成立以来供水质量稳定可靠。公司采用了行业领先的制水自动化控制系统,并将GIS系统、SCADA系统等自动控制系统运用于给水管网管理、系统调度方面,对供水管网进行有效管理和调度,并进行实时远程数据采集,有效提高了生产效率,减少人为误差和失误,降低供水能耗,保障水质的稳定。在管网检漏方面,公司采用技术领先的Sebalog N管网漏水巡视仪,定期对全市管网检测,重点对年代久远的管道进行监测,及时发现隐蔽漏点,有效降低管网漏损。公司的主要供水管网均为2003年以后建设,其中大量采用了球墨铸铁管,管网质量较好,成新度较高。公司在技术装备方面的优势使得公司在漏损率、单位电耗、矾耗、氯耗等技术指标方面全面优于行业平均水平。

在水质监测与检测方面,公司在全市范围内设立了包括水源、水厂和管网在内的水质预警系统。仅城区管网就设有40个水样采样点,实现了从源头到管网水质的监测,为城市供水的安全可靠性提供了有力的保证。同时,公司的水质检验中心能够自行检测国家水质106项标准中的83项,并通过定期将水样送交水质检测单位检验,保证公司出厂水质完全符合GB5749-2006技术标准,达到行业领先水平。

本着"人水和谐"的企业理念,公司积极参与"和谐江阴"的建设,为全市特困户、特级教师、烈军属等1 500余户实行上门服务。与此同时,公司十分注重对用户问题的解答。公司2009年受理服务热线共15 717件,服务满意度达99%。

目前,江南水务公司日均供水量已突破60万立方米,已超过江苏省内大部分地级市的自来水公司,是全国100家最大的自来水生产企业之一,主要经济技术指标居国内城市自来水企业前列。

5
自来水与污水处理：
不能承受之重

被忽视的自来水水质问题

在政府、企业和公众关于水价的三方博弈中，有意无意间，共同忽略或牺牲了水质，而水质是供水服务的核心。政府因为社会稳定不敢正视或者有意回避水质问题；企业因为缺乏资金无力解决水质问题；公众因为不知情而忽略水质问题。但是实际的水质保障情况是怎样呢？

认知水质现状

很多人都曾经有过这样的经历，水龙头流出来的自来水有些浑浊，于是先接到容器中放一放，或者在水中加点明矾之类的东西让水清澈以后再使用，可是当老百姓家里的水龙头中流出红线虫或者是黄黑的泥沙时,人们会束手无策。

对于这些肉眼可视的水质问题,老百姓们或许还能找到一些应对措施,而对于肉眼无法识别的污染物,老百姓们又能做点什么呢?根据2005年中国环境科学研究院的报告,在我国不少城市饮用水源中检出数十种有机污染物,许多有机污染物具有致癌、致畸、致突变性,对人体健康存在长期潜在危害。

对于有着"水煮沸后再饮用"传统的中国人来说,通过煮沸祛除了水中的大部分挥发性有机物并杀死病毒和细菌,在一定程度上规避了因为水质问题造成的伤害,但是也因此造成了中国老百姓对水质问题的忽视,错误地认为"水"只要烧开后再使用就能保证安全了。事实上,煮沸后的水并不能完全消除因环境污染而进入水中的溶解性有机污染物和重金属,而它们对人体的危害具有较长的潜伏期,而且危害是长期性的。

除了饮用水,我们日常生活中还有许多用水方面影响我们的健康和生活,根据国际健康医学的研究,水中污染物是通过多种管道进入体内的,人类身体所吸收的水中挥发性物质有1/3经过淋浴时由皮肤吸入,有1/3经口进入(包括饮水和食物),1/3在洗涤或洗浴时通过呼吸进入。因此,一旦自来水中存污染物,对老百姓的影响可谓是无处可逃。

另一方面,有些地方政府为了避免老百姓因为水质问题而引起恐慌,也为了自身的政绩而掩盖水源污染造成的水质问题,在自来水水质问题上采取回避的方式,从而助长了部分自来水经营企业隐瞒水质实情的不良之风,而对于老百姓而言,很难了解真正的水质状况。

我国水质已面临严重威胁

2007年7月,国家正式执行新的饮用水水质标准,新标准对饮用水水质的要求由原来的35项指标提高为106项指标,这是一项与国际接轨的水质标准,其中增加了很多有机污染物和重金属控制指标,因为近年来日益加剧的水环境污染已经将众多的有机污染物带入到老百姓日常生活的自来水中。有关部门的调查则显示,目前我国90%以上城镇水域受到污染,大中城市自来水的源水合格率只有约70%,中小城市水源合格率则更低。

源水污染问题已经对用水造成巨大威胁,而目前自来水企业的经营情况更加令人担忧。一是自来水厂的工艺设计,目前我国自来水厂的工艺设计绝大部分是以原来合格的源水水质以及35项水质标准为基础的,面对被污染的源水和新的水质标准,陈旧的工艺系统难以达到要求;二是自来水厂水质检测设备及检测水平,尽管国家已经将饮用水水质标准提高到106项指标,但是目前国内能够有能力完成106项指标全检测的自来水厂寥寥无几;三是即使出水厂的水质达到了标准要求,供水系统中陈旧的管网也难以保障到户水龙头的出水水质,目前我国的供水水质测定都是以水厂的出水水质为准,而入户水龙头的水质状况却无人得知。

由此可见,我国的供水系统要实现新的水质标准尚有较大差距,而供水行业的投资不足以及长期成本倒挂的水价体系使得自来水生产企业已经丧失了水厂工艺升级和老化管网改造的能力。

建立第三方检测体系,保证水质检测公正

公开准确的水质信息是确保水质安全的重要基础。目前,我国有关部门已经在水源保护、在经营环节引入竞争机制提高运营效率、严格控制企业成本等方面采取了一系列保障水质的措施;但是,供水行业的现行水质检测体系仍然存在一些问题,一是面临新的水质标准,检测设备的更新需要较大的投入;二是目前各地的核心水质检测中心绝大多数在人事关系和经费来源上隶属于当地自来水公司,只是名义上的独立,水质检测数据的可信性存疑。而建设部每年官方公布的供水水质合格率都高达98%以上,这样的合格率能不让人怀疑?

将水质检测中心从自来水公司分离出来,由政府从财政支出中专门列支供水检测费用,建立第三方的水质检测体系,同时建立信息公开制度,及时向公众公开有关供水的水质信息,才能真正做到为民提供"健康而安全"的供水服务。

饮水质量是重要的民生问题,直接关系到人们的健康和社会的稳定与发展。城市供水水质已经成为一个非常专业且又与日常生活息息相关的突出问题。但是,目前在许多城市,甚至像上海这样国际化大都市的居民,都还没有真正意识到水质对生活和健康影响的重要性,没有意识到许多慢性疾病与饮水的关系,简单地把供水视同于电、气等质量区分度很小的公共品,实际上这是极其错误的。同样一瓶在色觉和味觉上相同的瓶装水,价格可以相差几倍甚至十倍,瓶装水更是自来水的几百倍的价格,而造成差异的正是水质——这一被忽略的基本属性。

优质的水质服务必需足够资金和严格监管的双重保障

在居民日常必需的水电热消费中,用水的消费支出是最低的,而水却又是与健康最贴近的。根据《中国城市(镇)生活与价格年鉴2008》统计,2007年全国城镇居民家庭消费支出中,人均全年用于供水的消费支出为70元,而同期每人用于用电的消费支出为280元,用于燃料的消费支出为170元,用于取暖的消费支出为90元,均远高于用水的消费支出。

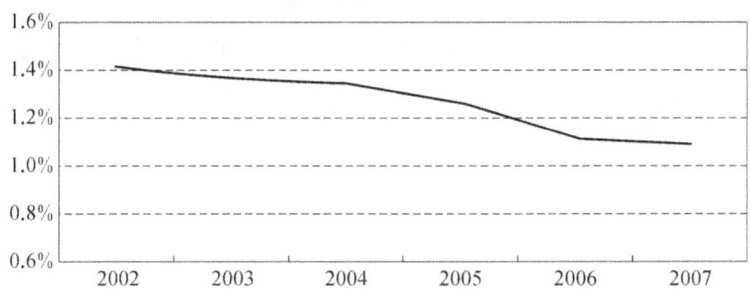

图 5-1 中国城市居民水费支出占人均可支配收入比例(2002—2007年)

长期以来,我国的供水服务基本处于一种"福利型"价格水平,水价一直低于运营成本所需,尤其是水源污染、水资源费上涨、水质标准提高之后,供水的生产和运营成本日益增高。因为长期低廉的水价,致使供水生产企业只能维系最基本的"福利型"供水服务,无力顾及水质的提高,从而导致供水行业低价低质的恶性循环。

毫无疑问,要想获得真正健康而安全的供水,必须要有足够持续的资金支持。由于供水的公共服务属性,因而政府在供水行业的投资发展中有重要而且不可取代的责任,但是企业之外,用于直接改善供水水质的政府财政资金投入几乎没有。

另一方面,水价又不能满足供水生产的水质保障的运营成本,一般国际上认为用水消费支出占到人均可支配收入的3%是合理的,而我国的用水消费支出仅占人均可支配收入的1%~2%。合理提高水价,是确保供水行业持续运营资金的重要手段,也是保障供水水质和服务质量的基础。

必须强调的是,足够资金支持必须与严格监管"双管齐下",才能有效的确保供水水质安全。价格上调的目的是为了给供水生产企业筹集足够的运营资金,以确保供水的水质安全,但是,政府部门必须对供水生产企业的运营进行严格监管,确保企业进行工艺升级和系统更新,确保企业的良好运营,并确保真正的水质达标,否则即使水价上调也可能出现不合格的供水服务。

污水处理的模式选择

伴随我国的经济发展,环境问题日益严峻。在快速发展的城镇,水污染问题突出。以污水处理设施为代表的大量的环境设施在近10年时间建设完成,设施水平迅速提高。但是,水环境效果并没有因为设施水平的提高而得到显著改善。

目前,我国已经形成了两种不同的污水处理常规建设模式,即流域系统规划型和污染源责任模式。

两种污水处理设施的规划模式比较

流域系统规划型的代表是深圳龙岗。深圳市龙岗1993年建区,是深圳市最年轻的行政区之一,总面积844.07 km², 总人口450万,1999年经济生产总值160.1亿元,2008年经济生产总值1 485.85亿元,为1999年的7倍多(按不变价格计算),远高于全国同期2.3倍的增长速度。

深圳市从惠州东江取水,而龙岗河与坪山河的排水至惠州,为解决两条河流的影响,1999年5月深圳市环保局成立两河办,市环保局委托中国环境科学院做龙岗河与坪山河水环境综合整治规划。此类污水处理设施建设规划是从流域水环境污染综合整治的角度出发,沿河流建设污水处理厂,并建设截污干管,从入河处拦截污水并进行处理。

截至2009年底,深圳市龙岗区已建成8个污水处理厂,处理能力65.5万m³/日,累计投资7.2亿元,均采取BOT、TOT与委托运营三种模式进行市场化运营,在建11座污水处理厂,处理能力为119.5万m³/日,计划投资23.46亿元,预计到2010年末全区污水处理能力将达到185万m³/日;建成污水处理厂配套干管91.42 km,累计投资6.909 5亿元,在建污水处理厂配套干管298.1 km,计划投资22.211亿元,预计到2010年末,全区将建成配套干管389.52 km。

污染源责任模式,我们选取的样本是江苏江阴,它和深圳龙岗都属于典型的快速城市化区域。江阴市多年位居我国百强县三甲之列,2008年实现地区生产总值1 530亿元,年末全市户籍总人口120万。江阴北枕长江,南近太湖,地处苏锡常"金三角"的几何中心。工业污染源废水达标率、各污水处理厂总体水质达标率分别达 93.3% 和 92.6%。铺设污水主管道 382 公里,累计超 1 300 公里,城市生活污水综合处理率达 85% 以上。

在乡镇经济迅速发展的背景下,江阴市按照治污责任的行政区划原则,将治污任务层层下移,按照市、镇、村三级所形成的城市—乡镇—乡村区域体系规划和建设污水处理设施。期间经历了两个阶段:2003 年,江阴市政府出台的激励政策规定,"按照市政府的要求,在规定的期限内,启动建设村镇万吨级以上的污水处理厂,由市财政给予 300 万元的补贴,每增加 5 000 吨处理规模,由市财政再增加 100 万元补贴"。这一激励措施,迅速启动了江阴市村镇治污市场,各个村镇争先恐后开始立项建设污水处理厂。

2004 年,当 26 座村镇污水处理厂相继建成后,为保证集中处理设施有效运行,江阴市政府又出台实施了第二条激励措施:在大力推进管网建设中,根据铺设 500 米以下、两公里及两公里以上等接管距离,每削减一个排污口,由市财政奖励 5~15 万元。这一管网激励措施的出台实施,将全市村镇的治污投入转到铺设污水管网上来。从 2004 年下半年以来,各村镇以政府投资为主体,加快了管网铺设的进度。

截至 2009 年 8 月,江阴市共有污水处理厂 27 座,设计处理规模 37.1 万 m^3/日,实际处理规模 20.77 万 m^3/日。其中,市区污水处理厂 4 座,主要处理生活污水,其它的 23 座乡镇污水处理厂,均为生活、工业污水混合处理设施。江阴市 27 家污水设施分别是政府、政企合资、民营投资、村集体投资建设四种模式。

两种不同模式的成因

两种污水处理治理模式,是由地方政府不同的环境责任定位和不同的财税体制所促成的。

龙岗区隶属深圳特区政府,但是行政地域在特区之外,却在特区经济辐射之内,经济在市、区政府统一规划下发展。1999年开始建设环境设施以来,一直由区财政作为核心的责任主体,由区政府统一进行污水处理设施的建设和运营招标,由区政府与企业签订特许经营协议,并由区财政统一安排污水处理厂的建设费用和运营费用。相对镇一级政府而言,区政府在环境治理上的事权和财权上相对强势。2007年以后,深圳市政府进一步上收了区政府的环境设施规划建设的权限,也上收了污水处理费的收取和使用权限。因此,目前在建的污水处理厂,由市统一对龙岗行政区域内的污水处理设施建设进行招标。

江阴市是乡镇企业充满活力的地区,镇政府在经济中的主导地位,也强化了镇一级政府在环境设施建设运营中的责任。江阴治理模式在乡镇经济发达的江浙地区具有代表性。在这一模式之下,市人民政府将治理责任层层下放,由镇政府主导环境设施的建设和规划,也由镇政府进行治理模式的选择。江阴大部分污水处理设施由政府主导,涉及特许经营服务的合同是镇人民政府与污水处理企业签署的,涉及政府投资和支付污水处理服务费的,也由镇财政进行担负。

不同的环境治理模式也促成了不同的规划方式。龙岗区的污水设施是在市政府统一领导下,全区整体规划,分布实施的。而江阴市只有统一的治理目标要求,对设施建设则没有形成统一的规划布局。

两种不同模式的利弊比较

对于龙岗模式而言,存在明显的优势。首先,统一的规划,考虑了经济发展、流域协同、水的资源环境特征,实现了污水处理设施的合理布局,利于在总体上协同,从而从长远上可以发挥更好的治理功效。其次,统一规划建设、系统运营招标可提高设施的运营管理水平,龙岗目前的八个污水处理厂,以及在建的和拟建的12个污水处理厂,虽然有委托运营、BOT、TOT等不同模式,但是这20个厂的6个(投资)运营企业都是具有行业经验和品牌的专业公司,服务水平相对全国而言,具有很高的效率和管理水平,成为专业运营服务的典范区域。再次,污水处理设施的系统规划、品牌化运营,利于政府主管部门的监管,龙岗建立了专门的污水处理监管体系,并且在2007年对一家运营企业因为违约终止特许经营服务,成为中国第一个公开终止的污水经营退出案例,龙岗污水监管的经验值得深入总结。最后,区政府统一规划建设,也利于运营经费统一筹集和协调。

但是龙岗模式也存在明显的问题。首先,污水设施的布局合理,虽然利于长远发展均衡,但是由于没有充分调动镇政府的积极性,简单依靠区政府,而区财政投资有限,管网全部配套投资缺口较大,使市政工程性质的污水管网建设严重滞后,使污水处理厂的系统优势长期没有得到高效发挥。其次,为了在管网缺失的情况下,维持污水处理厂的基本运营,许多污水处理厂在旁边的河流中抽取河水,不仅影响了污水处理厂整体效能的发挥,也造成污水处理厂的进水负荷过低,政府所支付的运营费用并没有发挥应有去除污染的社会效益。

江阴模式也具有明显的优势。首先,环境治理设施围绕污染物的产生源头而建,责任主体与设施主体相对一致,配套管网落实,设施一旦建成,就立刻开始发挥较好的作用,运营负荷高,使污染物得到有效控制;其次,建设效率高,镇政府作为主导,一部分镇政府自主投资,一部分私人投资,资金落实快,一个县级市就建成近 30 座污水处理设施。再次,江阴模式调动了各种社会力量对污水设施的投资,调研发现,许多非专业企业的资金进入了污水处理行业,一定程度上缓和了污水设施建设的资金短缺问题。最后,设施因地制宜,规模小,针对性强,见效快。

但是,江阴模式也存在一些问题,而且这些问题正在越来越多地显现出来。首先,因为缺乏统一规划,设施布局不合理,规模偏小,随着产业结构的升级,一些设施面临淘汰。其次,由于由各镇主导建设,设施整体化水平差,运营服务分散,绝大部分运营主体非专业公司,技术水准低,随着环保要求的提高,太湖地区的排放标准面临全面的一级 B 向一级 A 的提标,大部分设施越来越不能满足环境治理的需要。再次,运营主体的分散使政府监管困难,管理成本高。最后,随着水环境要求的进一步提高,设施面临新的整合,但是,以乡镇为核心已经形成的多元化的复杂的运营结构,对政府全面推进整体治理整合设置了障碍。

对污水处理治理模式的思考

江阴模式是伴随经济发展自然形成的责任分割下放的污染治理设施建设运营模式,此模式很好地调动了各级政府和社会的积极性,能很快地完成设施建设任务,快速落实减排任务指针,但是存在遗留问题,难以实现进一步升级。龙岗模式系统规划,统一招标,科学监管,整体水平高,但是没有调动乡镇一级政府的积极性,工程和资金的系统性统筹存在缺口,影响了治污的总体成效。而且龙岗模式达到总体成效所要求的初期资金总量大,简单靠一级财政难以完成。

这两种模式作为特征和趋势都有一定的代表性。一部分政府在节能减排的重压之下简单下放责任,正在形成江阴治理模式的特征。一些重点流域和区域则在国家统一推动下,在国家转移支付的带动下,统一规划,过度上移责任和权利,在系统性和持续性上考虑不周,如果国家货币政策和财政政策等宏观经济政策发生大变化,将使前期的大量投资在很长一个时期内不能发挥作用。

过去10年,江阴和龙岗是快速经济发展区,也是环境设施的迅速发展区。在减排战略的整体推动之下,全国范围内的县城以上都正在进入环境设施快速发展的轨道。如果模式选择不当,将在全国范围内造成极大的浪费。因此各地需要综合考虑自己的财税能力和建设体制,科学选择适合自己的建设运营模式。

在建设模式的选择上应考虑以下原则:一是建设模式要与治污责任体系相一致;二是建设模式要与经济水平和地方财税体制相协调,考虑可持续的总体效果;三是无论哪一级政府主导,都需要选择专业服务机构进入,以提高服务效率和水平,减低单元成本,同时减低监管成本;四是模式选择应考虑与区域内的环境治理总体要求相一致,以此为基础综合考虑短期压力与长期成效,建议以10年最优为模式选择要点,实现长期与短期效果的协同。

城市污水处理的环保监管

近年来,随着人们环保意识的不断增强,人们逐渐意识到,以去除污染物为宗旨的城市污水处理厂,本身也在排放污染物,并对其周围环境产生不利影响。于是,对城市污水处理进行环保监管的呼声日渐强烈。

城市污水排放逐渐进入环保监管视野

虽然工业废水仍然是水污染控制的重中之重,但是根据国家环保总局历年来各种调查及《全国环境统计公报》,城市生活污水已成为主要污染源之一。根据2006年中期发布的《全国环境统计公报(2005年)》,2005年,工业废水排放量243.1亿吨,城镇生活污水排放量281.4亿吨,比上年增加7.7%。随着中国城市化水平的不断提高,城市数量与规模的迅速扩张,城市生活污水排放量以年均5%的速度递增,虽然城市污水处理率不断提高,但是城市污水的污染物排放总量不断提高,在COD排放总量中的比重也并未降低。

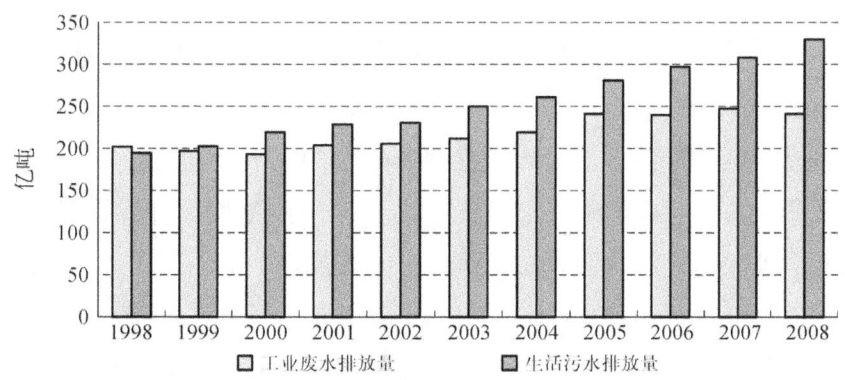

图5-2 中国污水排放情况(1998—2008年)

与此同时,一部分未处理的工业废水通过城市排水系统排放,规避了环保部门的监管。随着城市管网区域的扩大,大量工业废水在进入城市排水管网,其中一部分进入城市管网的工业废水没有处理就通过城市排水系统直接向自然水体溢流排放;一部分工业废水则进入城市污水处理厂,进入城市污水处理厂的污水中,也有相当一部分由于污水处理厂工艺和运营费用的限制,没有能够按照环保的要求达标排放。

根据我国城市的普遍状况,城市污水处理厂一般属于市政公用系统管理,环保系统所实施的环境监管主要针对工业废水,环保系统普遍慨叹对城市污水处理厂缺乏约束能力。

污水处理厂是排污单位还是治污单位?

近年来,在环保部门的推动下,城市污水处理厂的角色转变已经成为事实,污水处理厂已不再被单纯看作是治污单位,而是被赋予了"排污单位"的概念。

自 2004 年开始,国家环保总局酝酿将城市污水处理厂作为环境监管的对象,出台监管办法。2005 年 9 月 5 日,环保总局通报了环保专项行动中对污水处理厂专项检查的情况,并公布了挂牌督办的 14 家污水处理厂名单,该事件引起了极大关注。紧接着,在环保总局主导修订的新《水污染防治法》中,拟将城市污水处理厂作为排污对象进行监管。2006 年 12 月 1 日,山东省十届人大常委会第二十四次会议审议通过了《山东省南水北调工程沿线区域水污染防治条例》,并于 2007 年 1 月 1 日起实施,这个条例正式将污水处理厂纳入监管范畴,是国内首次以地方立法的形式,对污水处理厂的运行进行规范性约束,是城市污水处理厂在地方立法的突破,也为其它地区提供了借鉴。

以去除污染物为宗旨的城市污水处理厂在潜移默化下,已经逐渐被当作为污染源,并且在立法层次逐渐得到确立。这样的"转身"着实让一些长期从事污水处理管理和经营的人士感到难以接受。但事实却是如此无情,2006年底浙江省环保局公布的环保不良信用企业中,有13家为污水处理企业。于是,浙江省政府决定将污水处理厂纳入重点污染源管理,并对超标排放的污水处理厂予以"重罚",超标几倍就加收几倍的排污费。

城市污水处理的责任转移

城市污水处理厂虽然是去除污染的主体,但其确实排放污染物,对自然产生影响,对其进行环境监管无可厚非;但是城市污水处理厂不同于一般的工业污染排放主体,它不是污染的产生者,因此,城市污水处理厂是污染物从产生到消除的一个环节。对一个环节的环保监管需要到位,但是在处罚和责任追究上必须细致分析和考虑污染物转移上下游的关系。而污染物转移上下游关系的纽带是责任的划分。

城市污水处理厂环保监管体系的争论根源,是由转型中的城市污水处理责任划分的含糊所引起的。传统体制之下,城市污水处理作为一种社会公益服务,由政府提供,自然不是被环保监管的对象。政府污水处理服务提供得好,是对公众的福利,政府服务提供得不好,因为本来就是一种额外的福利,因此不存在被环保部门监管和指责的问题,如果有监督也是来源于人大等机构。

但是,2002年以来,城市污水的公共服务体制发生了变化。目前超出70%的新建污水处理厂都引入了市场机制,由社会企业投资或运营,而社会企业一般按照特许经营的服务合同进行经营。在市场机制之下,污水处理责任在城市政府、污染者(企业用户或家庭用户)和污水处理厂运营企业三者之间进行新的责任划分。在特许经营制度下,由城市政府承担最终的环境责任;社会化的污水处理设施运营企业则在政府的责任框架之下,分担一定的、明确的污染物去除责任,并因此从政府委托中获得一定收益;而污染者的责任是合理地支付处理费用。特许经营制度的引入提高了服务的效率,明确了责任,但是也将单一的政府服务,转变成了三方协同体系。而市场主体的进入为环保监管的实施提供了进入的契机,各级环保部门都发现对市场主体运营的城市污水处理厂的环境监管更加容易到位。

污水处理厂是三方责任体系中的一员

污水处理厂角色的争议,体现了改革转型中的问题。如果抛开三方责任体系不管,只对污水处理厂环节实施环境监管与处罚,将使城市污水行业的改革发展走进死胡同。一般而言,污染物进入污水处理厂之前的责任,是在政府和污染者之间的责任分配。如果不能清晰核定污染物进入污水处理厂之前的责任关系,就不能简单地将环境责任向后续的污水处理环节转移。而当前的状况是,因为污水处理企业主体在责任分配环节中的弱势,环境监管直接将责任置于污水处理企业身上,政府和公众的责任则被普遍忽略。而政府和公众的责任集中体现在处理费用的保证和污水处理厂进水水质及水量的合理控制上。

同时,"治污企业成了新的污染源!"这样的声音出来后,势必使社会舆论一片哗然。对于不清楚其中责任关系的民众来说,是一种舆论误导。以一种简单的方式,将所有治污责任全部推到污水厂运营企业身上,是不公平的,在社会上引起的负面影响也会大于正面影响。社会治污企业是三方责任体系中的一员,承担着的是有限责任。因此,环保监管不能简单以排除污染物的标准来评价和考核污水处理厂运营企业的责任和信誉,而应该从根本原则上确定三方所应当共同承担的义务。

有关监管的问题,涉及到政府市政部门和环保部门的监管责任区分。政府特许经营制度向运营企业所实施的责任转移具有有限性,而市政公用部门自己则承担全面的污水治理责任。市政公用部门需要就自己的完全责任接受上级政府环保部门的监督。

要对城市污水所造成的污染进行系统的环保监控,环保监管的科学对象应该是市政设施的整体运营,而不局限在单个污水处理厂上,事实上,城市排水的污水溢流口排放的污染物远远超出污水处理厂。环保监管忽略直排口,只关注污水处理厂,是一种对主要矛盾的回避,是避重就轻。

污水处理环保监管路有多长?

城市污水处理厂的环保监管的出路与污水处理厂的生路如何并行不悖呢?

污水处理厂确实排放出污染物,应该将污水处理厂作为环保监管的对象;但是,在处罚和信誉评价上,要全面考虑进水、污水处理费等决定性因素,而不能轻率地一罚了之。同时,为了更好地区分污水排放和污水处理的责任,建议环保部门将工业企业污水进入城市管网水质超标的处罚和收费权,通过制度形式委托授权给污水处理设施的运营企业;污水管网由政府投资,但是使污水处理厂和管网的运营管理权统一,使污染去除的责任主体更加明确。此外,污水收费体系的完善是有效保障城市污水处理厂运营的前提,否则,无论是市政部门还是市场化的污水处理企业都难以承担相应的环境责任,环保监管也就无从着力。

即便是以上前提条件不能满足的情况下,对城市污水处理厂的环保监管仍然可以有所作为,环保监管至少可以对城市污水处理厂的污染物去除总量进行评价,毕竟,削减污染物是污水处理厂的"天职"。

6

资本：中国水业发展的魔棒

水务企业的资本需求巨大

近20年来，中国水业走过了迅速发展的时期。在约5 000亿元投资的拉动下，中国661个城市的供排水服务覆盖率快速增长。由市政水设施提供服务的城市人口比例由1990年的50％上升到了2006年的约90％。城市污水处理能力几乎从零开始，2006年底城市污水处理率达到了56％。以特许经营制度为核心的水业改革，极大地提高了水业的服务效率和服务质量。传统水业福利服务体系得以打破，社会企业主体得到迅速发展，在城市供水和污水处理领域社会企业的服务市场覆盖率已经分别接近20％和50％，而在新建设施服务市场中，社会企业的覆盖率则超过60％。一批有影响、有品牌的战略投资人已经成长壮大起来，包括外资、民营和国有上市等多种企业类型。

然而，中国水业的形势并不乐观。水环境的恶化，以及水质标准的进一步提高，使城市水业设施的投资压力进一步加大，国家"十一五规划"期间的直接投资需求达到约 5 000 亿元,是过去十五年城市水业的投资总和。中国水业拿什么来应对如此巨大的需求呢?

水业企业如何实现资本战略

我国水业中的企业源于三种主体,具有不同的投资形态。一是传统国营自来水公司、排水公司,基本属运营型企业,只有资本存量,除极少数外基本无投融资能力;第二类是原来工程、技术性企业,多属民营企业,部分企业涉足水业投资,在水业领域的投融资方式以中小型项目的 BOT 形式为主;第三类是来自资本领域的战略投资性公司,它们以企业整体产权收购和 TOT、BOT 为主要投资形式。

支撑目前中国水业企业主体的投融资体系存在金融工具单一、融资成本过高等问题,难以适应水业投资特征的要求。在融资结构上,水业融资过度依赖以商业银行为主导的间接融资,利率过高,周期过短,难以适应水业设施的收益低,周期长的特点。企业直接融资渠道不畅,不利于降低融资成本。企业主体可利用的政策性融资的量与渠道有限、企业债券和股市融资的门槛过高、股本融资经验不足,融资问题已经成为众多水业企业发展的障碍。

资金因素已经成为战略性项目竞争获胜的关键。对于处在资本拉动时期的中国水业来说,从业企业的决定性因素在于其融资成本的高低。因此决定水业投资企业资本战略的核心就是如何有效降低融资成本,并保证供给量。

在市场化的进程中,由于市场参与所带来的水业投资主体多元化已成为明显趋势,同时,国内资本市场的不断发展、商业融资手段的不断完善,也为融资手段的多样化创造了条件。在水业目前投资拉动的背景下,对水业企业而言,建立适应水业资本特征的投融资战略,已经成为在新一轮的竞争中胜出的先决条件。

传统资本投资模式走到了尽头

从投资而言,中国水业能够完成前期迅速的发展得益于以下几个方面:一是通货紧缩时期大量的国债投放,提供了城市水业,尤其是污水处理领域的投资拉动基础;二是地方政府多年的水业资产积累陆续在资本市场释放,获得了部分的发展资金;三是水价的逐渐提高配以特许经营制度的实施,吸引了社会资本的战略性参与;四是世界银行等政策性银行的政府信贷提供了投资补充;五是城市政府财政资金的投入。

在以上多个因素的综合作用下,中国水业完成了一般情况下难以完成的艰巨任务。但是,在新一轮更大的投资需求之下,水业传统资本投资模式走到了尽头。

在国债资金方面,随着中国宏观经济形式从通货紧缩转向通货膨胀,以宏观调控为主要目标的国债资金必然面临收缩。事实上,国债资金因为融资主体与使用主体分别是中央政府和地方政府,因此,国债在水业的大量使用伴随着普遍的低效,浪费严重,甚至出现了权力寻租。因为城市水业的责任主体是城市政府,在国际上,国债一般都不能为城市水业提供稳定而合理的投资渠道。取代国债在城市水业中地位的应该政府长期融资是市政债券,但是受到中国集权体制的限制和对预算规模的控制等因素,《预算法》短期内难以对市政债券放行。另一方面,国债资金一般以国有股权或债权形式进入项目公司,排斥了社会企业主体的使用,这也是造成国债资金使用低效的原因之一。

在存量资本处置方面,地方政府长年积累的水业优良资产已经处置殆尽,许多已经装进上市公司和政府融资性公司,或者已经高价出售,留下的少部分资产或者产权不清或者负债过高,已经难以发挥下一阶段融资的主流作用。

社会资本方面也同样面临问题。一是资本所依托的水价受到政治等因素的限制,在经历了十年的快速增长后,进一步全面涨价面临越来越大的社会压力;二是社会企业主要依靠资本金和短期银行融资,成本过高,不能与城市水业长期经营匹配;三是第一梯队的战略投资人,在经过第一轮大规模市场投资之后负债明显提高,进一步融资面临瓶颈。此外,尽管不断有新的资本性企业的进入,但是一方面对巨大的需求可以说是无足轻重,另一方面新的企业由于没有城市水业的服务经验,还将加大服务成本,提高服务的风险。

在国际金融机构方面,随着中国经济水平的提高,中国将逐步从国际政策性金融机构的援助名单中淡出,2003年以后国际政策性金融机构对中国的援助性投资已经逐年减少。

地方财政资金在巨大的城市建设投资面前,早已经无能为力,除了上海、北京等大城市外,绝大部分城市几乎中断了对城市水业的财政性投资,即便有一些少量投资,其主要来源也是土地转让资金。随着土地政策的紧缩,这个来源会进一步减少。另一方面,随着地方财政收入总量的增加,加上中央对财政资金投资环境领域的硬性要求,地方财政投资在城市水业中所占比例或许会有上升,但是,最多是起到一个辅助作用,不可能成为水业资金的主要来源。

水业巨大的投资需求如何满足?

通过以上分析,我们看到,目前的水业投资体制面临着多种制约。设计一

种适合水业新一轮发展需要的产业结构体系,需要统筹考虑以下四个问题:

一是融资渠道问题,要有足够的、稳定的资金来源和融资主体来满足水业的资金需要;二是投资效率问题,需要合理的市场机制来高效使用所融集的资金;三是服务水平问题,需要专业的、战略性的机构来提供服务,提高服务的水平和服务的质量;四是价格控制问题,融资成本的有效控制将间接控制水价,保证社会满意度。

如何设计满足以上四个基本要求的融资机制,需要认识以下几个前提。

一是政府的责任。城市水业包括城市供水和污水处理服务,是市政公用事业的核心主要组成,即便引入市场机制,是为了提高服务的效率,并不免除政府的责任。而政府在城市水业中的责任,体现在对融资环节的有效介入以利用政府资信降低融资成本;也体现政府在对服务质量和服务价格的有效控制;还体现在通过对贫困人群的有效补贴,以保障社会公允。实现这些责任的手段是政府积极参与融资以及在市场机制下加强和完善监管。

二是产权与经营权的分离。产权与经营权的分离是建立科学的投融资机制的基础和前提。特许经营制度是一种针对市政设施自然垄断性质的竞争机制设计,以产权和经营权的分离为前提,其核心是经营权的有效竞争。前期的改革因为不能实现产权与经营权的分离,使社会资本只能依据自己的资本能力获得市场,约束了专业化运营服务的规模化发展,使资本和产业始终伴随着外行而低效进入,使政府资金大部分在低效的模式下浪费使用。产权与经营权的分离,为在保障水业设施的政府产权或社会产权下,以特许经营方式提高资金效率和服务水平奠定了基础。

三是城市水业的服务业转型。城市水业本质上是一个依托基础设施进行服务的第三产业。但是,城市水业长期被当做投资建设行业,其向服务业转型在 2003 年以来随着特许经营制度的建立才开始逐渐展开。目前,一批以服务为核心的产业主体已经出现,服务品牌逐渐形成,他们所占据的服务市场份额逐年扩大,但是,由于目前产权与经营权的统一,使其只能依据自有资本获得市场,妨碍了产业规模的有效扩大。事实上,中国城市水业以服务业形式也已经进入国际视野,不仅 WTO 条款中将城市水业纳入环境服务业的范畴,而且中国城市水业以服务形态已经得到国际资本市场的认同。在国际市场追捧中国概念,而资本市场青睐环境和水务主题的大背景之下,城市水业以服务业姿态发展将成为产业发展的主流趋势。

在以上三个前提下,我们不难得出结论,解决水业进一步发展的融资瓶颈的关键,就是资本来源的专业化和社会化。而专业化和社会化的融资主体有两种,一是政府,二是专业的融资机构。如果是前者,融资工具就是政策性融资,如果是后者,融资工具就是产业投资基金。

中国水业起飞的资本之翼

政策性融资和产业投资基金是中国水业进一步发展的资本基础。它们相互补充,是吸引低成本资金大量进入、降低水业融资总体成本的关键。

政策性资金升级为政策性融资

由于水业显著的外部性和社会公益性,政策性资金一直是其必不可少的重要资金来源之一。应用于水业的政策性资金主要包括国债、国际金融机构的政策性贷款、外国政府贷款以及国内政策性金融机构提供的贷款等。政策性资金的使用有利于政府降低公众的服务支付压力，也有效地促进了环境设施的建设和产业的发展。毫无疑问，水业领域的政策性资金在今后一个时期内都是不可或缺性的，但是按照原来的方式运行的政策性资金已经不能满足水业进一步发展的需要。政策性资金需要上升为政策性融资，在不改变资金性质的情况下，改变使用方式。

这种上升意味着三个改变：

一是保持了政府作为融资主体的基本性质，改变政府作为投资主体的使用形式。这一改变不仅有助于继续利用政府良好的信誉降低融资成本，而且通过社会主体的使用，提高资金的使用效率。

二是将政策性资金由建设环节这一产业前端，向运营服务这一后端转移，形成覆盖整个产业链，但是以运营为核心的"基于产出"的补贴体系。

三是改变资产的存在形式，政策性资金所形成的资产以独立的或非营利性资产形式存在于水业设施之中，而不是在项目公司中以股份形式存在。形成的资产有几种存在形式，一是政府出资并拥有资产，竞争选择社会企业使用资金并运营水业设施；二是以政府资产PPP的形式与社会企业进行资产合营，水价仅支付社会资本那部分的收益；三是政策性融资以债权形式，以优惠利率让社会企业作为承债主体使用，资产归社会企业所有。

政策性融资将成为以政府为主体的政策性补贴性的市场化资金的来源，成为助飞中国水业的重要一翼。

用产业投资基金吸引社会低成本资金

在水业巨大的资金需求面前,因为缺乏市政债权这一最为重要的、以城市政府为主体的政策性资金手段,仅靠中国目前的政策性融资手段,无论从资金规模,还是从资金使用效率上,都远远不能满足城市水业客观的资金需要。那么补充它的最为重要的融资工具就是产业投资基金。在目前的融资环境下,产业投资基金可能是水业融资更为重要的一翼。

产业投资基金是一种对未上市企业进行股权投资和提供经营管理服务的利益贡献、风险共担的集合投资制度,通过向多数投资者发行基金份额,募集资金设立基金公司,交由基金管理人管理基金资产,委托基金托管人托管基金资产,从事创业投资、企业并购重组投资和基础设施投资等实业投资。产业投资基金按照资产组合原理直接投资于特定产业或项目,并通过资本经营和专业管理对所投资企业加以培育以实现资产保值和增值,从而获得投资收益。

产业投资基金在国外,特别是在美国、欧洲和澳大利亚等地已经相当成熟,培育了苹果(Apple)、微软(Microsoft)、谷歌(Google)、联邦快递(Federal Express)等知名的跨国公司和企业。

水务行业发展产业投资基金,具备了三项特点:专项投资,即投资水务行业;专业管理,即通过与国际水务巨头开展合作,利用国际上先进的水生产技术、污水处理技术以及管网维护技术;资金充裕,即引进大型机构投资者进行直接股权投资。产业投资基金这一投融资方式,对于解决目前我国水务行业的资本困境无疑是非常有益的。

水务行业产业投资基金的特点

产业投资基金是一种比较适合大型建设项目的股权融资方式。水业所需要的产业投资基金不是一般的风险投资,受水业的产业特点影响,其产业投资基金实质是一种在国家政策框架下,以企业为主体的融资行为,其主要特点包括:

一是水业产业投资基金的投资范围。水业产业投资基金的发起主要服务于国家对水业巨大的投资需求,因此,产业基金的投资主要针对战略投资人的项目投资需求,对企业的股权投资只是辅助。

二是投资期限的长期性。水业设施资本沉淀性强,收益稳定,结合水业特点的产业投资基金将比一般产业投资基金的期限长,因为项目的特许经营期限是 20~30 年,因此基金设定期限也需要 20~30 年。

三是资金体量大。没有足够的总量不足以撑起水业巨大的资本需求,因此基金总量应为几百亿元,甚至上千亿元。

四是需要战略投资经营企业为发起的核心。只有一批优秀的、专业的、具有相当市场规模和影响的战略投资人,才能够从规模上、效率上和风险防范上有效支撑产业基金的收益和风险控制要求。

五是以低回报要求的资金作为主要募集对象。产业投资基金不能期望获得过高的资金回报,因此需要大比例的国家政策性资金、社保资金、养老基金以及社会大量公益性资金的参与。如何有效募集巨大的资金成为基金启动的难点,克服这一难点需要发起人认真细致的前期工作和对行业深刻的认识。

因此,水业的产业投资基金具有产业基金商业运作的基本性质,也有很强的政策性资金特点。其成功的关键在于有效吸引全社会的责任性资本的进入。

水务行业发展产业投资基金的可行性

水务行业投资需求巨大，具有较好的投资前景。我国的水务市场巨大，而且我国正处于城市化高速发展时期，未来的投资需求更大。

(1) 工业化、城市化的加速发展引起的需求增长。工业化、城市化快速发展，带动工业和生活用水需求量增长。预计到 2010 年工业用水将达到 1 376 亿立方米。按照"十一五"规划，到 2010 年全国城市供水普及率不低于 95%。工业和生活用水的持续增加，不仅要求供水设施的跟进，而且要求污水处理设施的相应增加，尤其是污水收集管网的铺设，这必然带来城市水务投资需求的增加。

(2) 水质标准和服务要求的提高引起的需求增长。2005 年建设部新颁布《城市供水水质标准》，水质监测项目由 35 项提高到 103 项，《国家饮用水卫生标准》水质检测项目由 35 项提高到 106 项。我国许多城镇的供水管网漏损率高达 20%。根据"十一五"规划纲要的要求，对运行超过 50 年及老城区严重漏损的供水管网进行改造，这都需要大量资金的投入，从而带来水务行业投资需求的进一步增加。

(3) 城市水环境的改善引起的需求增长。"十一五"规划提出，到 2010 年，我国建制城市和县城所在的建制镇均应规划污水集中处理；全国建制城市的污水处理率不低于 70%。为此，需要加快城镇污水处理设施建设和配套。而完成这一规划必然要求大量的资金投入。

此外，在我国发展水业产业投资基金，具有充足的资金来源。

（1）社保基金、保险公司等机构投资者的长期资金。随着经济的发展,我国社保基金、保险公司等大型机构已经积累了大量的资本。由于我国资本市场起步较晚,金融产品创新能力较弱,社保基金、保险资金缺乏充足的投资渠道,只能投资于国债等收益率较低的资产,影响自身的偿付能力。

（2）商业银行的存贷差。近年来,我国商业银行存贷差呈现出不断扩大的趋势,据统计,截至2009年上半年,银行业金融机构存贷差12.3万亿元,比上年增加1.2万亿元。各商业银行经营压力持续加大。一方面,商业银行出于资产配置的考虑,急需寻求投资渠道;另一方面,以商业贷款为主的银行资产加重了商业银行的整体风险,因此银行急需寻找一种风险可控、收益稳定的投资渠道,来降低存贷差,降低风险。

水业本身具有的稳定收益能力,对以上这些资金有着极强的吸引力。此外,我国还有着巨额的民间资本,这也将是水业产业投资基金的一大资金来源。

我国水业即将进入产业的成熟期。一批战略性产业主体已经出现,国有控股、民营、外资等多元主体得到较为充分的发育,并且形成了产业联盟;产业战略投资主体的责任感明显加强、战略合作初步形成、政策研究日趋深入;国家的政策性产业投资倾斜也已经初步形成,大量的政策性资金需要合理的一个市场出口;政府的责任体系初步完善,包括监管体系、特许经营制度、水价政策等基本成型。可以说,水业产业投资基金的成立基础已经具备。

发展水业投资基金,募集社会资本,既解决了水务行业的投资不足问题,又可以为机构投资者获取长期稳定的回报。产业投资基金的设立,将有效促进资产经营者与服务经营者的合理分离,而且产业投资基金专业化的管理将有助于提高水务行业的效率,促进经营服务的专业化和规模化,进一步加速水业的服务业转型,成为托起水业起飞的资本之翼。

水务企业需要提升融资能力

从目前水业产业现状和竞争形式来看,多种投资工具的有效组合将成为现代水业企业实现资本战略的主要手段。水务企业需要积极利用我国鼓励金融创新的时机,灵活运用商业性融资手段如银行融资、信托融资、资本市场融资、战略联盟融资、资产证券化、产业基金等。通过长效与短期融资工具的有机结合,用结构化融资来为产业整合与扩张提供稳定的、低成本、大规模的资本,保证产业战略目标的顺利实现。

在设计企业资本战略时,水务企业需重点考虑资本成本、资本结构、资本流动性三者之间的平衡。用融资渠道及工具多样化来适应投资巨大的要求;用合理的资本结构(如,采用中长期贷款、股本融资、表外业务等),来适用投资回收期长的要求;用多种金融衍生工具,降低融资成本,来适应回报率偏低的要求;同时,针对水业投资资本沉淀大的特征,必须保证融资工作持续性,需将融资工作上升到公司战略高度。

民营资本将成关注焦点

随着我国公用基础设施对多元资本的放开,中国水务资本市场尤其是民营资本将成为关注的焦点。党的十六届三中全会明确取消了对非公有资本进入公共设施领域的投资限制,提出要大力发展和积极引导非公有制经济,允许非公有资本进入法律法规未禁入的基础设施、公用事业及其他行业和领域。《关于加快市政公用行业市场化进程的意见》的出台,为民营企业进入水务业消除了政策障碍。江苏、福建、广东等省纷纷出台相应政策,鼓励民营资本投资水务等领域,符合条件的民营企业均具有平等的投标、竞标权利。

民营资本作为一支生力军开始大举进入水务市场,他们利用其机制灵活的优势,在中小城镇的水务项目上异常活跃,抢占大资本和大集团无暇顾及的规模较小的水务市场。2003年,北京、深圳、西宁、大连、武汉等多个污水治理和自来水项目向社会公开招标,提出了谁投资谁受益,这对民营企业来说,意味着水务业正在以前所未有的程度开放。在四川第一个"吃"下自来水厂所有权的是乐山沙湾中阳水务有限公司,这家民营企业在同30多家国营、集体及私营企业的竞标中取胜,揽下了沙湾自来水厂的转让权、经营权和所有权。与此同时,民营企业还以合资、合作等形式联手开发水务市场,山东省济南市自来水公司与民营企业海南润达实业有限公司正式签署协议,决定合资经营日供水40万吨的黄河水厂,组建济南鹊华制水有限公司。

加入WTO后,符合市场经济原则、充分运用竞争机制的特许授权制度将在水务业得到广泛运用。2003年,深圳、北京、河北等地相继出台公用事业特许经营的相关政策,对城市基础设施范围内的供水、供气、排水、污水处理等项目将大力吸收民间资本和外资资本,实行特许经营制度。明确政府对水务设施产权、开发权、经营权出让和投资市场开放的范围和尺度,规定市场准入条件,就城市供水设施开发、运营和管理,向具备资质的供水企业授权。目前的水务市场上,在我们面前展现的是国外水务巨头、国有大型水务集团、中小民营水务企业共同竞争、并存的格局。

7

中国水业的未来之路

我国水业发展的背景与趋势

我国城市水业作为城市的附属,改革开放 30 年来,转型从来没有停止过。新的经济环境下,我国水业面临着不同的产业背景,并呈现出与过去不同的发展趋势。

水业发展的产业新背景

行业内的背景有三个:,供水、污水和投资。

在供水市场,随着安全事故的增多,环境污染事故的加大,社会对供水的关注度日益提高。一年不如一年的水源的供给,同时一年比一年要求的供水的水质服务的提高。同时,在价格体制上,我们在实行十年以前的非常不科学的价格管理办法,以成本的合法性为基础的价格体系,使得回报率根本就不能满足要求。供水行业在这种两个夹板之下,作为命脉行业,生存非常困难。

在污水方面,十年以前我们国家只有400多座污水处理厂在运营,2008年已有1 500座以上,预计到2010年就有超过3 500座污水处理厂运营中,我们由建设为核心的形式,变成建设和运营并重的形式出现了。另一方面,污水处理厂建设和运营的主体和规模也在逐渐发生变化,十多年以前建设的污水处理厂,主要是10～20万吨的大型处理厂,前三五年以前主要建的是5～10万的,目前在大城市的郊区以及乡镇在建的多是1万吨以下的小型污水处理设施,这也说明,我们的污水处理行业这个基本的结构和十年以前,或者五年以前不一样了。

在产业投资方面,传统的模式是以投资拉动市场,尤其是2002年特许经营制度发布以来,经营权来自于产权的控制,这是我们特许经营的一个辩证,本质上特许经营和产权是分离的,但是在中国特殊的城市化时期,我们要求必须拿钱买设施,再让你运行。这样做产生的问题是回报率都很低,因为价格没有理顺,仅仅靠买设施进行经营,回报率一般控制在10%以下,个别项目即使会超过10%,也是有限的。在这种模式下,仅仅靠融资为纽带,扩展市场的模式,需要被一种综合的能力代替。

行业外,面临着更大重要的变化。一个是节能减排战略,节能减排战略直接促使了大量设施的建设,也促使了责任方的逐步到位。大量水业设施建设在国家强力推动下提前完成,部分设施超前建设,超出了经济支撑的能力。政府注重建设短期效果,对运营所需要的支撑认识远远不足。

第二个就是投资拉动,金融危机引发政府资金的投资拉动,也加剧了市场资金的融资困难。1989年的政策危机促使了供水领域的迅速发展,1998年的亚洲金融危机,促进了污水处理厂的迅速建设,2008年投资拉动,由于产业背景已经发生变化,造成了国进民退。

行业外的第三个因素就是,金融危机之下的保增长、促就业成为短期国策,水业在经济增长的贡献上,目前仅停留在以设施建设威核心的投资拉动上,如何实现拉动需求的产业转型?需要服务的产业化,增加服务的深度和广度。

水业产业转型的八大趋势

中国水业在新的产业转型之下,面临着的上面所说的两个方面的六个背景,促成了以下八个趋势。

1. 技术的回归

水业从简单的投资拉动时代,进入到产业化时代,其基本特点就是技术回归。各个产业都关心技术,水业不仅在关注建设技术,也在关注运营技术,关注运营的集成化、信息化的管理。

2. 专业运营服务产业的兴起

专业运营服务产业的兴起是必然的。实际上现在我们认为水业应该转型到服务为主,或者至少是服务与产业并重的时代,在发达国家服务业的比重占到60%。在中国,目前我们的基本估算在20%到30%,这一比重还会持续一段时间,但这个比重一年会比一年增加。中国水业向专业服务业的转型已经开始,而且会越来越深远。

3. 三大能力在产业第一梯队中落实

投资、运营和技术能力成为支撑第一梯队产业主体的三足。无论是身处第一批的投资运营公司,还是相应的技术公司,都要考虑三个方面的能力,这成为水务行业基本的要求,没有相应的运营管理水平,就没法获得稳定的、有保障的收益,没有相应的技术支撑能力,也不能满足日益严格的政府和公众对我们的服务要求的监管。另外,没有资本能力,也很难撬动市场,扩大市场份额。

4. 产权主体与经营服务主体的分离

产权与经营权的分离将是很重要的趋势。特许经营本质是产权与经营权分离的一种形态。在中国因为国资委的成立,因为产权制度的缺失,造成了产权和经营权基本上是相统一的原则,实际上已经制约了我们的发展。推进产权与经营权的分离,应体现在投资和产权的多元化,不排除国有控股,产权国有控股对我们基础设施行业没有坏处,而且能够尽到政府的责任,但是经营环节一定是市场化的、产业化的,这两个如果能有效融合,将带来很多好处。

5. 区域化与政府责任主体上移

水业作为城市基础设施的一部分,是地方政府作为责任主体来实施建设和投资的。但是我们国家普遍存在着地方政府责权和事权的不相统一。我们把所有的环境责任(包括水的责任)下放给越来越低一级的地方政府,而我们的财政责任是越来越高的中央政府,结果造成了不对等,这造成我们产业里很多的矛盾。随着我们国家环境压力的加大,水资源压力的加大,这种责任正在适度上移。上移内容应包括责任主体、价格监管主体、准入机制的设置主体、投融资主体。

6. 服务层面的区域整合

服务面的整合是重要的方向,这受到了行政体制的限制,如果通过资本打破行政区域,需要强大的融资支持,实际上也很难的,通过服务层面的整合,完全能够实现跨行政区域的运营的优化,这样能够实现技术、人才,包括监管的简单化。区域性整合最有利的来源,是以服务品牌为依托的服务整合,会改变整个的市场格局。

7. 水业服务链延伸趋势

在价格约束之下,在服务要求提高之下,可以通过服务链延伸扩大收益率。服务链延伸是一纵一横的,包括上下游的产业整合、同业并购扩大规模。

8. 环境产业逐渐成为产业门类

环境产业会逐渐成为产业门类,分散在建设业、设备制造业、或者咨询业之中。运营服务的发展将使环境产业逐渐进入国民经济主体,逐步在经济统计口径上独立,产业转型与发展将真正为经济发展和社会就业做出贡献。

我国水业的产业化转型

目前,我国水业正在进行产业化转型。对于一个传统福利性行业来说,其产业化转型主要包含三个方面的转变。一是产品和服务的标准化,标准化是产业化重要的标志;二是生产过程的集约化和连续化,生产和服务需要在有效控制成本的基础上进行;三是市场主体合理的规模化和市场集中度。

可以发现,我国市水业在产业化转型过程中面临着不少问题,亟需得到解决。

我国水业的产业集中度过低

下面,我们先讨论一下水务企业的规模化和市场集中度的问题。同样是垄断的公共服务行业,水业市场的规模化和市场集中度与电信、电力有着天壤之别。水业的改革起点与电信、电力行业不同,水业是市政设施,在产业化改革之初产业是依托地方城市政府分散经营的,存在数千个独立的自来水公司和污水处理机构;而电信、电力等行业的改革起点是国家的垄断。它们的改革思路是拆分,水业的改革思路则是整合。

产业没有规模,没有一定的集中度,就没有市场主体对市场秩序负责,谁也不是老大,谁也不愿意维护市场规则,为总体市场做贡献。水业正是停留在这样一个产业化的初期,没有人对行业规则负责,各企业都满足于做好自己的项目,愿意在项目层次做政府关系和市场,不能在行业层次主动而有效地参与行业政策和规则的参与,不能主动引导政府和公众对行业的认同。

虽然2007年成立了环境服务业商会,但是商会受制于水业产业化发育的薄弱,难以有效引领市场。尽管几十家商会发起企业形成了一定的规模,但是,目前最大企业的有效市场份额不足3%,其各企业服务市场的份额加起来也没有到20%。我们认为,只有产业龙头控制到了一定的市场规模以后,这个行业的产业化才会上层次,这个观点不仅适合于水业的投资环节,也适合设备、工程等其它的产业环节。中国水业毫无疑问地处在产业化的初期。

投资运营环节是水业的主业也是产业链的龙头,这个关键环节的集中度低不仅影响本环节的市场秩序,其分散还影响着产业下游的产业发育。中国水业的服务主业相对弱小,弱小的原因是因为中国政府放开主业市场的时间不长。

产业链龙头弱小,对下游的采购就会不负责任。另外,从投资角度而言,水业的两个资本龙头,一个是企业投资者,另外一个是政府投资者,而后者是主导。投资方采购设备、工程服务、设计服务,是下游产业的拉动力量。但是,政府的采购不是一般意义上的产业采购，难以充分地考虑效率、服务、质量和成本，其话语权比例过大，造成某种程度的市场扭曲，导致下游企业的市场动作变形。

水业的设计环节和通用设备环节，改革之初已经具有了较好的产业基础，除了这两个环节之外，其它的产业环节基本上没有形成产业规模。

水业产业的标准化欠缺

中国水业的产业化还面临着标准化程度低的制约。水业服务是一种自然垄断性质的服务行业，无法用简单的用户选择与评价等一般市场手段来判断服务的好坏，也一直没有建立起来用于横向比较、绩效考核的标准体系，自来水服务和污水处理服务的绩效好坏，传统运营单位都会以自然条件、社会条件的特殊性得以轻松解脱。

因为没有科学的服务标准，公众和政府因此无法知道服务提供者的好坏。但是，国际上是有专门针对供水和污水服务的绩效服务标准体系的，我国迟迟不能建立的原因，与我国水业长期福利经营，行业主管部门坚持保护性行业管理密切相关。

绩效管理，也称标杆管理，是专门针对自然垄断行业的管理工具，就是通过大量的数据和经验积累，形成一套能够排除单个被监管对象的不可比因素的横向绩效比较系统。通过这个工具，政府和公众知道服务企业优劣，能够让做得好的企业得到更高的收益，进一步扩大规模，让做得不好的企业退出市场。由于我国迟迟没有建立一套完善的绩效标准体系，造成好的企业不能扩大规模，控制运营成本的措施得不到收益，不能激励管理者提高效率，间接保护了行业的落后与低效,也直接影响了市场兼并的科学性,阻碍了企业的规模化发展。

运营绩效标准的缺乏,不仅打击了优秀的水业主业企业,还造成下游的无序竞争。

水业产业链的加法与减法

在中国水业的产业化初期,产业链各环节的企业为了获得发展的空间和合理的收益,做了许多整合的尝试,我们称之为产业链的"加法"与"减法",以一个企业主业为依托向产业上下游延伸,称为"加法";为了将某一个产业环节做出规模,做出品牌,将产业进一步集中,称为"减法"。

从近年来各主要产业主体的表现来看,整个水业面上都在做加法。相当比例的、有一定规模的环境工程公司,因为投资主体的变化而感到按照原来的办法能够获得足够的工程项目,自 2004 年以来,普遍开始以 BOT 方式,参与投资,同时自己完成工程建设,这是一种产业加法,如金州工程。一些以财务能力进入水业的投资公司,因为确定了长期从事水业经营的战略,开始发展运营服务和技术工程服务,这也是一种加法,如首创股份。也有一些工程公司因为工程利润的摊薄,开始发展一些设备制造,以获得设备收益,这也是一种加法,如桑德工程。此外,一些工程公司因为 DBO(设计—建设—运营)模式的推进,而向运营环节延伸,这也是一种加法,如得利满。

但是,在产业加法的主流之下,也隐含着许多的减法。许多国际水务跨国集团尽管一直在水业投资市场中竞争,但是,他们在尽量回避自有资金的投入,希望尽可能地使自己回归环境服务提供商的主业,而不是做投资商,这是一种减法,如 2002 年之后的威立雅水务。2007 年以来,产业投资基金迅速成为行业热点,一大批水业战略机构参与了各种基金的发起,产业投资基金的目标就是想让专门做投资的人来做投资业务,让水业产业主体擅长做工程的专注于工程服务,擅长做运营的专注于运营服务,擅长做设备的专注于设备,这也是一种减法。近年来,一批水业工程公司在国内外资本市场成功上市,融到的资金仍然坚持做工程主业,这是加法中的减法。现在也有企业在尝试污水 BOT 项目资产的剥离或者证券化,个别企业已经获得突破,这也是一种减法。

我们认为,作为一个企业的战略而言,选择是把产业延长,还是把产业链做短做精,取决于每个公司不同阶段的战略和市场选择。但是,有一点趋势是明确的,产业化发展更加支撑专业化的产业分工与协作。

企业对产业链上的加减可能有各自的取舍,但是,目前水业围绕"水"这一介质的物质链加法却是日益通行。首先是自来水服务与污水处理服务的一体化,其次是源水与自来水的融合,还有污水处理与再生水的结合,再有污水处理与污泥处理处置的衔接。虽然这些业务在付费方式、监管模式、服务形式上还各有特点,但是有着明显的融合趋势。

产业时代的水业战略联盟

产业时代的市场竞争,不是一个单个企业与另外一个企业的竞争,而是一个产业龙头所领导的产业链与另外一个产业链之间的竞争。也许这种转型对于处在产业化初期的水业还预言过早,但是,它正在发展为一种趋势。

应对这种产业和市场转变,需要各个企业健全和完善自己的产业链。原来的企业投资人采购了设备企业的设备,双方是甲、乙方的关系。在新的产业结构下,一个相对稳定和优化了的产业链实际上改变了原来的竞争关系,产业链的上下游形成合作伙伴的关系,形成一种共同取得市场和利润的协同关系。

中国水业已经初步形成了四个稳定的产业环节:投资环节、运营管理环节、设备产品环节、工程技术环节,它们之间的相互关联、相互协作是水业产业化时代的根本特征。

随着产业化的发展,中国水业的一些产业联盟已经逐步产生。产业链联盟可以实现两个目标。第一个目标是控制成本,通过减少中间环节降低交易成本和时间成本,产业化不应该压缩合理的利润空间,它的收益来自于中间成本的节省。第二个目标是市场目标,一个有品牌、有服务的产业下游可以帮助产业上游企业共同获得市场,尤其是对于我们这个产业上游缺乏规模、缺乏品牌的特定行业。比如,一个优秀的、有影响的设计院通过自己的综合优势,可以帮助投资人获得市场,这就改变了投资人和设计院之间的采购关系;又比如,一个有影响的国际设备企业或者优秀的运营公司,如果品牌足够好,也可以有效帮助投资人获得用户认可。

促进水业的产业化发展,推进其市场化进程,是水业产业界的共同使命,业内各界都需要、也应该成为水业产业化时代的战略联盟中的一员。

以信息化提升运营效率

信息技术作为一种不断发展和完善的先进技术手段,已经证明可以显著地提高企业的运营和管理水平。近年来,随着我国水务企业的技术水平不断提高,用信息化推动水务企业提高管理水平和服务质量成为不少水务企业提高市场竞争能力的重要手段。

国内外水务信息化现状

IBM 公司近年来提出了"智慧地球"的理念,提出智慧地球的涵义是:"智慧地球的核心是以一种更智慧的方法通过利用新一代信息技术来改变政府、公司和人们相互交互的方式,以便提高交互的明确性、效率、灵活性和响应速度。如今信息基础架构与高度整合的基础设施的完美结合,使得政府、企业和市民可以做出更明智的决策。智慧方法具体来说是以下三个方面为特征:更透彻的感知,更广泛的互联互通,更深入的智能化。"

国外的水务信息化现在已经达到了智能化的程度。如纽约建立了世界上第一个先进水资源管理中心(Advanced Water Management),用于哈德逊河流域的水资源管理。管理者在河的不同位置放置了大量传感器和电子标签,通过无线网络将采集到的数据传送到后台的流计算中心,进行各式各样先进的计算模式分析和处理。环保政策决定者、区域经济规划者和水生物管理人员根据数据汇聚之后产生的可视化模型,进行深度分析和决策,展开河流监管。爱尔兰 2008 年建立了全球管理中心,对水资源管理中心的流转进行管理,借助传感器可以将河流的流动、海浪的高度、微度和浮游植物经过集成传送到高性能计算机进行处理。在虚拟过程中,对整个爱尔兰工业开发和环境保护提供数据支持。

目前,国内水务机构的信息化建设也正在蓬勃发展,各大城市的水务机构相继推出了各自的信息化建设方案。

北京市在20世纪80年代及以前,水务信息化主要体现在基础信息的自动化采集上,如雨量、水位等,传输方式依靠微波、超短波等自建网络,布网方式大多是"一个中心若干个测站",它们代替了艰苦的人工野外信息采集,解放了劳动力。到了90年代,随着自动化技术的快速发展,逐步实现了闸门的自动化监控,水库大坝的安全监测,视频图像监控,水质、流量等信息的测量水平也得到提高,组网方式开始多样化,增加了自敷光缆、卫星、公网专线等多种途径,分析软件的功能也由原来的查询、统计升级到工程安全分析、洪水预测等智能分析的层面,大大地提高了管理水平。在21世纪初,实现了供水、排水、节水、旱情、水土流失等方面的数据自动采集,分别建立了分析管理系统或决策支持系统。普遍使用了电子地图和遥感技术,网络以光纤为主,同时实现了异地会商。尤其是北京水务局成立后,建立了北京水务的数据中心和指挥中心,信息链路逐步理顺,数据共享开始推进。

上海市提出了数字水务的理念,依托上海信息产业优势,顺应现代信息技术的发展趋势,以水务发展需求为导向、应用为核心,与"数字上海"建设相同步,将逐步构筑起以信息资源数字化、信息传输网络化、信息技术应用普及化为标志的"数字水务"基本框架,实现水务系统化管理、自动化监测、实时化调度、科学化决策、网络化办事、规范化服务的阶段性目标。上海市近年来投入大量资金,建设了覆盖全市、城乡一体的防汛自动预报决策支持系统和防汛信息服务网,建成了水文和供排水数据采集、监控系统、视频会议系统等系统,建立了"上海水务"政府网站,推进水务信息化进社区,利用有线宽带网络实现双向远程抄表收费。

深圳市围绕率先实现水务现代化的发展目标，先后完成了多个水务信息化应用系统的建设，但也暴露出系统间缺乏统一的技术标准、系统集成困难、资源难以共享等问题，为此深圳市提出了制定水务信息化技术标准体系的研究。深圳市水务信息化技术标准体系由术语、信息分类和编码、信息采集、信息传输与交换、信息存储、安全、地理信息等七个分体系组成，注重与现行信息技术有关的国家标准、行业标准和国际标准的相互衔接，并突出与深圳水务信息化的特点和需求的结合，遵循"科学性、完整性、系统性、先进性、预见性和可扩充性"的原则。深圳市水务信息化技术标准体系采用按信息技术自身属性划分的方法，使其既不重复和交叉，通俗易懂，便于理解，又能突出深圳水务信息化的特点。

智能水务——国内水务信息化的最新实践

目前，江南水务公司正在从事的研究项目《城市智能水务关键技术研究与示范》项目，是国内水务企业走向信息化的最新实践。智能水务的内涵是以一种更加智能化的方法通过利用先进的模拟和信息技术来改变传统水务业务系统的运作方式，以提高决策、运营和管理能力。智能水务的技术特点在于：

（1）将水务业务系统中的供水、用水、排水、售水、节约用水、污水再利用等各个子系统有机地统一起来，从全系统的角度进行管理决策，强调各个子系统之间的联系，以实现整体水务系统最优化的目标。

（2）应用先进的传感技术、物联技术，并根据需要将各种传感装置嵌入水务业务系统各流程当中，从而使水务业务系统被极大程度地数据化，并通过传输网络进行互联,实现智能化的监控和管理。

(3) 整合先进的模型、计算工具,应用计算能力强大的计算系统对数据进行整理、加工和分析,将数据转化为有效的信息,帮助管理者做出快速而正确的决策。

智能水务的功能范围涵盖决策支持、营销、信息交互、规划设计、高效生产、供应管理、运营维护、监控预警等方面,同时强调各个环节之间的联系,从而组成一个完整的水务智能化运营平台。为实现这样一个智能化水务系统,需要构建各种相应的功能模块,且各功能间之紧密集成,相互沟通协作,从而提升生产、运营等业务环节的生产效率和运营的水平。其各功能模块之间具有极其紧密的内在联系,系统关系图如下:

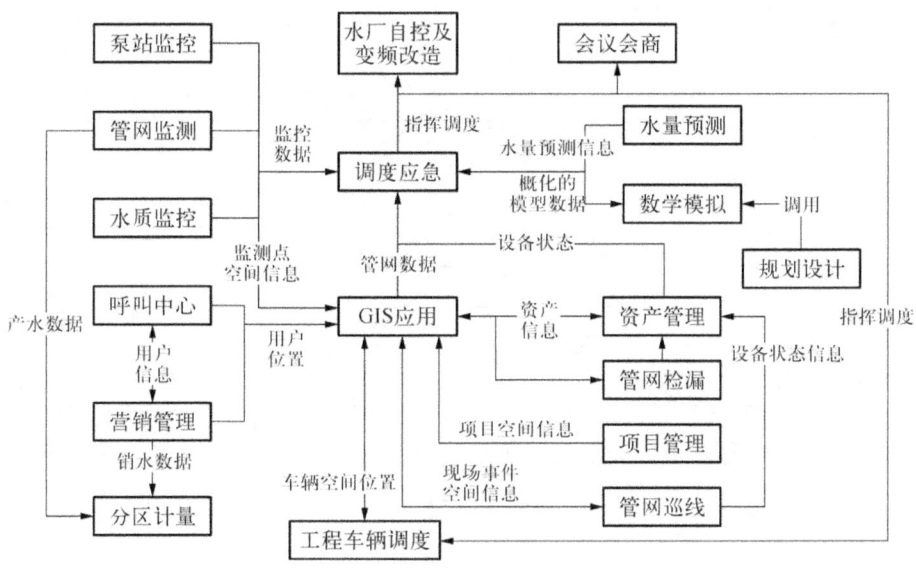

图7-1 智能水务系统的功能模块关系图

为圆满实现系统的功能,达到系统的各项性能指标,需要明晰系统建设的总体结构和集成思路。智能水务系统总体结构如下图所示。

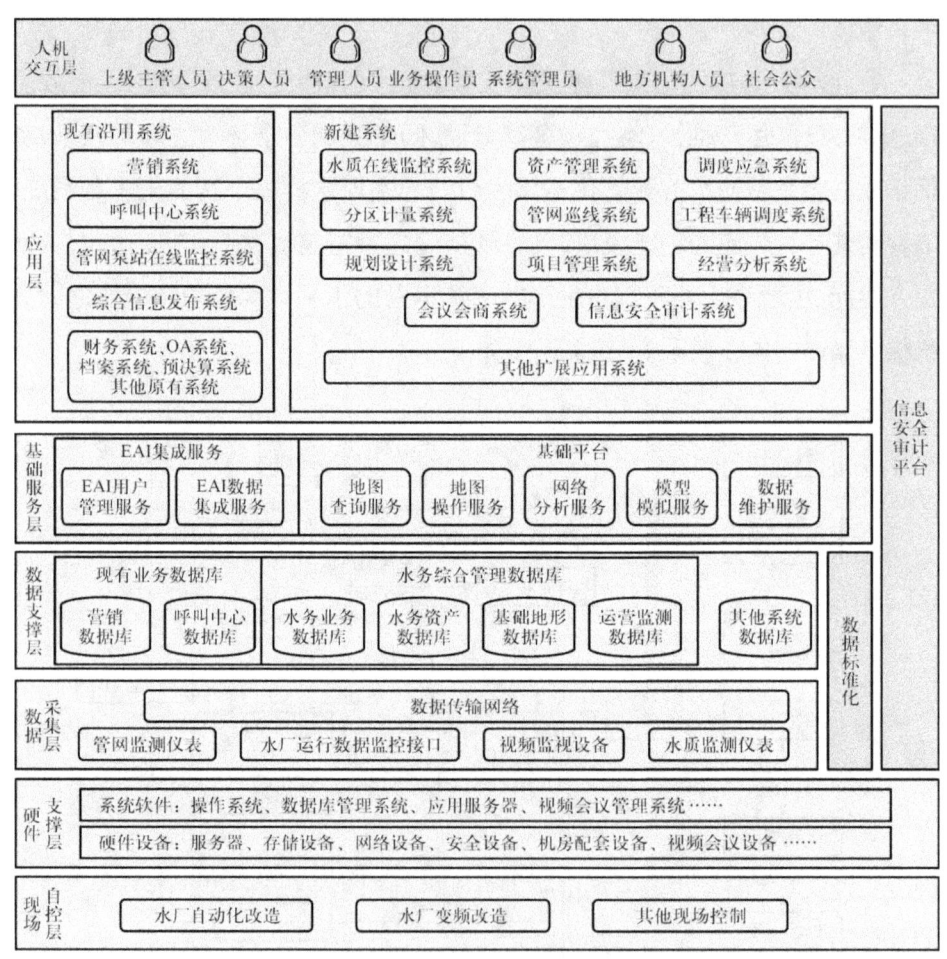

图7-2 智能水务系统的总体结构

智能水务项目前景广阔

智能水务项目实施后,预计将会给江南水务带来显著的经济效益,主要体现在排水管网服务收益、节能降耗、漏损率降低、人工成本节省以及爆管损失降低等方面。除了排水管网服务收益是直接的现金收益外,其它都是对现有成本的节省。分析表明,项目的内部收益率为12.7%,项目投资回收期为10.1年,具有较好的盈利能力;从不确定性分析来看,项目可能承担的风险较小,从财务上完全可行。

智能水务项目可以将江南水务公司先进的经营管理经验与技术加以归纳和提升,并结合信息和远程监控技术将其标准化、模块化,提升公司的技术底蕴,为实现公司"打造跨流域水务服务龙头企业"战略目标夯下坚实的基础。同时,智能水务系统的应用,将大大优化公司在供水环节中的服务水平及管理调控水平,有效降低整个供水成本,缓解水价上涨的压力。

智能水务开发及综合应用项目的实施,将对供水、污水处理设施建设运行监管发挥良好的作用,有助于在城市供水、污水处理等市政公用事业形成权威、公正、可信、高效、分工合理的监管体制;将水务业务系统中的供水、用水、排水、售水、节约用水、污水再利用等各个子系统有机地统一起来,从全系统的角度进行管理决策,使水务事业在安全保障、优质服务、节支增收等各个方面达到最优化的目标。

可以预期,江南水务的智能水务开发及综合应用项目的成功实践,将会成为行业的示范工程,为技术的推广提供样板。江南水务也将通过智能水务项目,将其标准化、信息化、模块化,使之成为水务企业运营的系统化解决方案,从而为未来成长为专业的水务服务供应商奠定坚实的基础。

附录一

中国 210 个大中小城市的水价

全国 36 个重点城市供水价格、污水处理费调整趋势与现状

根据中国水网最新研究数据,2002 年 12 月底至 2010 年 8 月初,36 个重点城市的供水价格、污水处理费均进行了 65 次调整。平均每个城市在这期间进行了 1.8 次供水价格及污水处理费的调整。近八年间,供水价格、污水处理费总调整幅度分别为 46.61%、126.71%,年均调整速度分别为 4.92%、10.97%。经过近八年调整,截止到 2010 年 8 月初,重点城市的平均供水价格、平均污水处理费、平均到户水价分别为 1.86 元/立方米、0.77 元/立方米、2.62 元/立方米。

从现状来看,36 个重点城市的居民生活用水供水价格处在 0.6~3.08 元/立方米之间,还有 58.3% 重点城市的供水价格在平均水平 1.86 元/立方米以下。

36 个重点城市的居民生活用水污水处理费处在 0.4~1.3 元/立方米之间,除拉萨市还没有开征污水处理费外,还有约 46% 的重点城市的污水处理费处在平均水平 0.77 元/立方米以下,处在 0.8 元/立方米及以下的城市占比达 69%。污水处理费在 36 个重点城市中相对较高的为南京市,达 1.3 元/立方

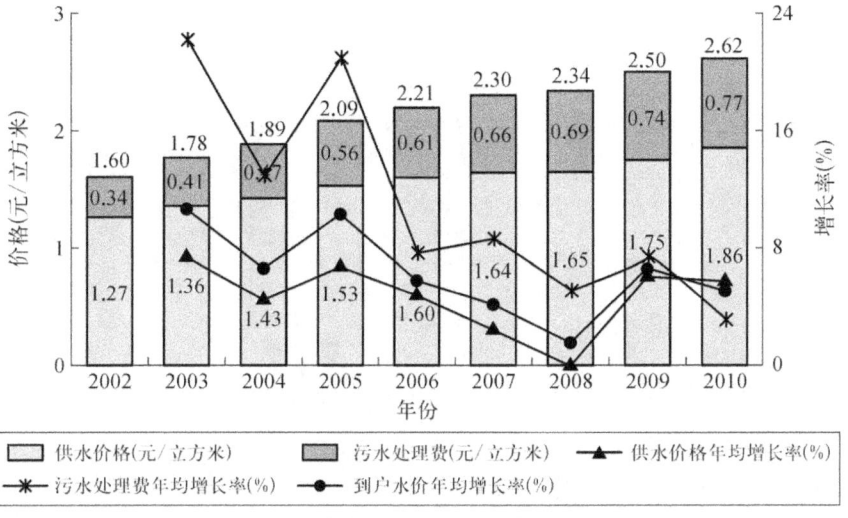

注：1. 数据来源：中国水网；2. 供水价格由自来水价格与水资源费构成，到户价格＝供水价格＋污水处理费；3. 图中各年数据均为12月31日数据，截止日期2010年8月5日；4. 图中深色数据为综合到户水价；5. 污水处理费平均值没有包括拉萨市。以下相对情况不再重复解释。

图1　重点城市居民生活用水平均供水价格及污水处理费调整趋势图(2002—2010.8)

米，长春市的污水处理费相对较低，仅有0.4元/立方米。

由以上分析来看，36个重点城市的供水价格、污水处理费在过去八年呈现普涨现象，而从目前水业市场及水价制度的进一步改革，污水处理费达到0.8元/立方米的标准来看，这种普涨趋势在近五年内并不会改变。

174个大中小城市居民生活用水供水价格、污水处理费征收标准现状

除去上面所给出的36个重点城市的水价格详情，中国水网亦调研了22个省(自治区、直辖市)的174个大中小城市的水价格情况。数据显示，所调研的174个城市的居民生活用水供水价格分布区间在0.85到3.2元/立方米之

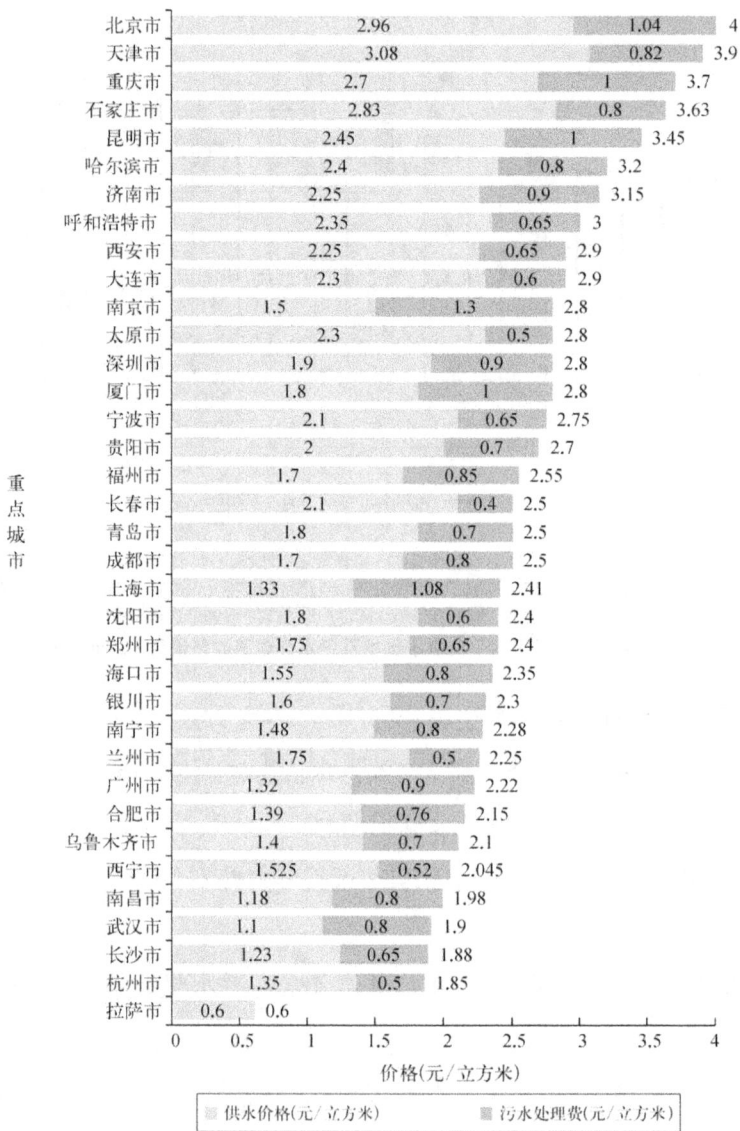

注：1. 数据来源：中国水网；2. 数据截止日期2010年8月5日；3. 图中深色数据为综合到户水价。

图2　36个重点城市居民生活用水供水价格、污水处理费

间,平均价格为1.61元/立方米;居民生活用水污水处理费分布区间在0.2到1.35元/立方米之间,平均价格为0.67元/立方米;居民生活用水综合到户水价区间在1.4到4元/立方米之间,平均价格为2.27元/立方米。

把174个城市的居民生活用水供水价格征收标准分为六个区间:1及以下;>1,<=1.5;>1.5,<=2;>2,<=2.5;>2.5,<3;3及以上(注:单位为元/立方米)。图3分析了城市供水价格分布在各价格区间的情况,从图中数据来看,城市居民生活用水供水价格征收标准多处在1到2元/立方米之间,处在这个征收区间的城市占比达79%。处在相对较高价格水平(即3元/立方米及以上)的城市仅有一座,处在较低水平(即1元/立方米及以下)的城市占比6.32%。供水价格处在平均水平1.61元/立方米的城市占比58%。

把174个城市的居民生活用水污水处理费征收标准分为六个区间:0.4及以下;>0.4,<=0.6;>0.6,<0.8;=0.8;>0.8,<1;1及以上(注:单位为元/立方米)。图4分析了城市污水处理费分布在各征收区间的情况,从图中数据来看,有近一半城市的居民生活污水处理费征收标准处在0.6元/立方米以下,有11%的城市污水处理费征收标准甚至在0.4元/立方米及以下。早在2006年,国家即要求城市污水处理费征收标准要达到0.8元/立方米,从数据来看,还没达到这一征收标准的城市占比达84%。

把174个城市的居民生活用水综合到户水价征收标准分为六个区间:1.5及以下;>1.5,<=2;>2,<=2.5;>2.5,<=3;>3,<3.5;3.5及以上(注:单位为元/立方米)。图5分析了城市综合到户水价在各价格区间的情况,从图中数据来看,居民生活用水综合到户价格处在>1.5元/立方米,<=2元/立方米及>2,元/立方米<=2.5元/立方米两个区间的城市最多,分别占比36%及37%。水价处在平均水平2.27元/立方米以下的城市占比达57%。

从以上分析来看,我国一半以上城市的居民生活用水供水价格、污水处理费征收标准处在相对较低的水平。

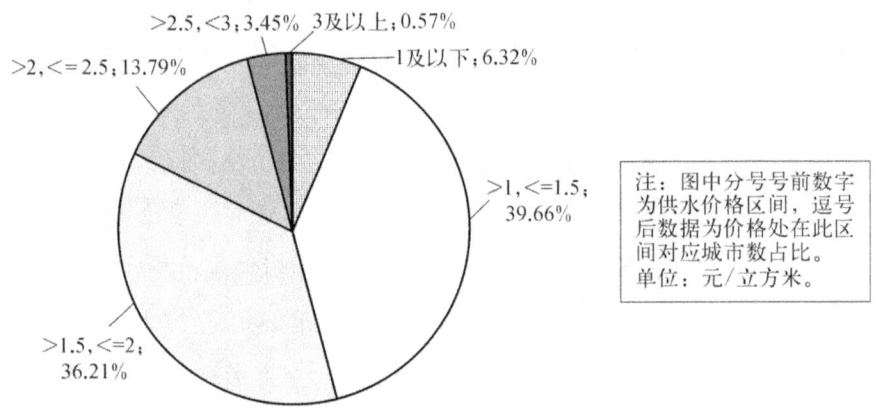

注:1. 数据来源:中国水网调研数据;2. 数据截止日期 2010 年 8 月 5 日。

图 3　174 个城市供水价格区间分布情况图

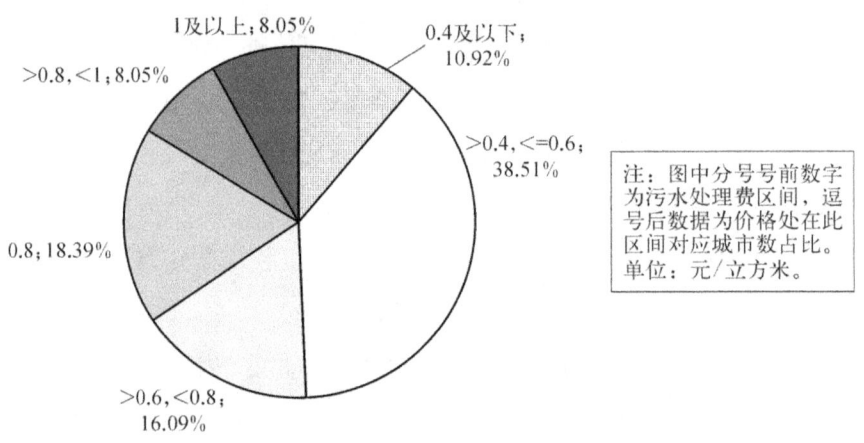

注:1. 数据来源:中国水网;2. 数据截止日期 2010 年 8 月 5 日。

图 4　174 个城市污水处理费区间分布情况图

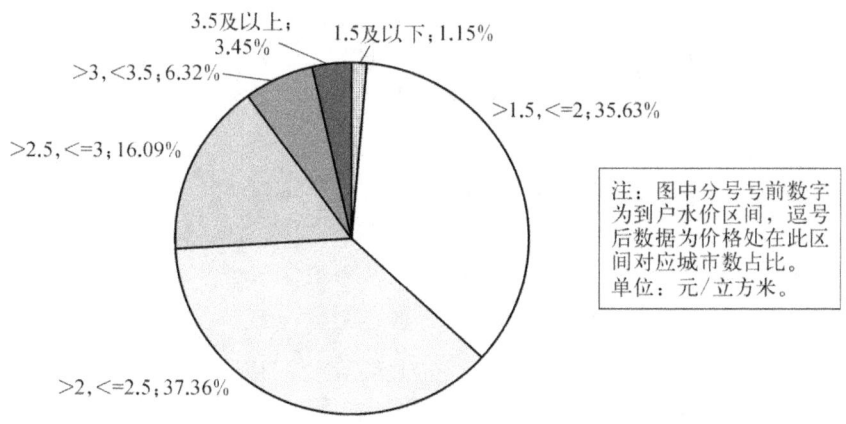

注：1. 数据来源：中国水网；2. 数据截止日期2010年8月5日。

图5 174个城市到户水价区间分布情况图

各省(自治区、直辖市)征收标准

对22个省(区、市)的城市供水价格、污水处理费、综合到户水价进行算术平均。从图6中的分析结果来看，河北、山西、陕西三省的城市平均供水价格相对较高，处在2元/立方米以上；江苏、山东、海南、河北四省的平均污水处理费相对较高，在国家要求的0.8元/立方米以上，江苏省的污水处理市场相对较成熟，市场化程度也相对较高，其污水处理费征收标准在全国也是领先的；从综合到户水价的征收标准来看，仅有河北省的城市价格处在3元/立方米以上。

按人口规模分类的城市征标准

把174个城市按人口规模分为五类城市，从图7中数据来看，Ⅰ类城市由于其城市规模相对较大，经济水平相对较高，其收费标准也相对较高，平均供水价格在1.68元/立方米，平均污水处理费超过1元/立方米，综合到户平均

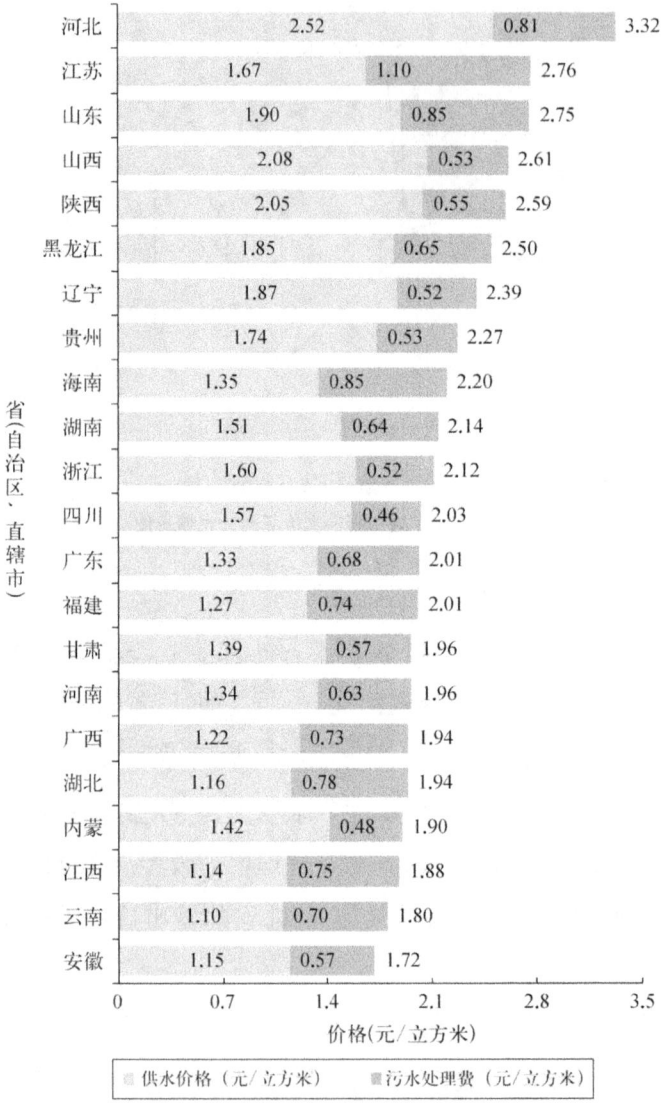

注：1. 数据来源：中国水网；2. 数据截止日期 2010 年 8 月 5 日；3. 图中深色数据为综合到户水价。

图 6　省（自治区、直辖市）居民生活用水供水价格、污水处理费平均征收标准情况图

价格达到 2.69 元/立方米。从图中数据来看,供水价格、综合到户水价的高低跟城市规模正成比;中等城市的平均污水处理费相比中水城市要低些,但是相差不大。从整体上来看,经济相对发达的较大规模城市的水价征收标准相比中小城市要高出一定的距离。

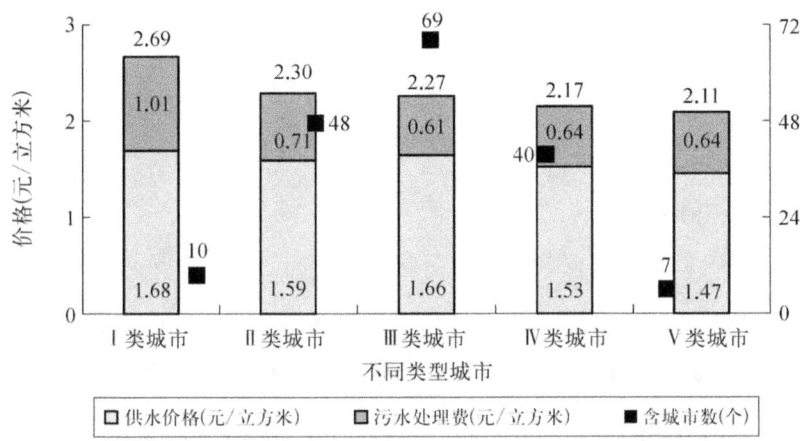

注:1. 数据来源:中国水网;2. 数据截止日期 2010 年 8 月 5 日;3. 图中浅色数据为综合到户水价,深色数据为各类型城市中所包含的城市数;4. 城市分类标准:Ⅰ类城市(大于等于 200 万人),Ⅱ类城市(100~200 万人),Ⅲ类城市(50~100 万人),Ⅳ类城市(20~50 万人),Ⅴ类城市(小于 20 万人),括号里为人口数。

图 7　按规模分类的五类城市居民生活用水供水价格、污水处理费平均征收标准情况

附录二

国内部分优秀水务企业介绍

首创股份(600008)

北京首创股份有限公司是一家由北京首都创业集团有限公司控股的上市公司,公司总股本22亿股,2000年4月在上海证券交易所成功上市。2001年公司进行了战略调整,确定以水务产业为公司的发展方向,专注于城市供水和污水处理两大领域。

目前,首创股份已经在北京、深圳、马鞍山、余姚、青岛、宝鸡、徐州、淮南、秦皇岛等城市进行了水务投资,公司控股与参股的水务项目共有17个,日水处理能力1 000万吨,服务人口超过1 900万人,是全国最大的水务运营公司。截至2009年12月31日,公司总资产144亿元,净资产49亿元。

作为水业上市企业的标杆企业,首创股份在中国水业市场上占有非常独特的地位,一直都是中国水务市场的领袖。目前,首创股份正在快速发展中,在水地联动、区域开发、做长产业链的战略思想指导下,项目盈利逐渐改善,综合能力不断提高,已经进入水业企业的相对成熟期。良好的口碑,响亮的品牌,稳步增长的业绩,都显示首创股份已经成为一个稳定发展的水务企业。按照权益计算的市场份额,在水业企业中名列第一。

首创股份关键成功因素有:

(1) 融资能力优秀。首创股份与各个商业银行之间有良好的合作关系,各个商业银行为首创股份提供贷款往往下浮到国家政策允许的极限,2003年国家开发银行对首创股份的授信有近60亿人民币;2009年,首创股份与工商银行签订了全国首个并购贷款合作框架协议,结成战略合作伙伴。

(2) 政府资源强大。首创股份的母公司首创集团是北京市政府投资、融资的窗口企业,具有丰富的政府资源,充分了解水务行业投融资改革的方向。

(3) 并购整合良好。首创股份在各个领域中有丰富的并购经验,在全国水务并购市场中已经处于龙头地位。

作为投资型公司,首创股份进入水务领域时间不长,在运营管理方面比较欠缺。2004年起,公司开始由投资管理型公司向投资及运营管理型公司转变。

南海发展(600323)

南海发展股份有限公司成立于1992年,是广东省佛山市南海区的地方性水务公司,实际控股人为佛山市南海区公有资产管理委员会。公司于2000年上市,主营业务包括城镇供水、污水处理、固废处理业务。

南海发展是中国少数几家一体化水务运营商,具有相对完整的产业链,贯穿自来水供应、管网运营及污水处理环节。公司在供水业务上发挥了一体化联网运营的优势。公司自有的自来水管网实现了桂城水厂与南海第二水厂联网调度运营,在计划与调度单厂产能、减少供水能力闲置率、保证两水厂整体利用率上发挥了良好作用。现有产能供应的自来水量年度波动较小,经营稳健,效益较好。公司供水业务毛利率自 2004 年以来均达 50% 左右,为行业领先水平。

自 2004 年末起,南海发展收购了桂城污水处理厂资产和平洲污水处理厂在建工程资产,2005 年至今以 BOT 等形式陆续收购并新建了一批污水处理项目,累计投资接近 10 亿元人币。截至 2009 年 10 月底,南海发展正在运营的污水处理项目设计规模为 20 万吨/日,正在建设及洽谈中的污水处理项目 38.3 万吨/日。各项目完成后,南海发展总污水处理能力为 58.3 万吨/日,占目前南海区内的污水处理市场 76.6% 的份额。

目前,供水业务是公司当前收入和利润的主要来源,2008 年占比收入 87%,毛利率高达 45.9%。但更具有发展空间的业务为污水处理与垃圾焚烧发电,该两项业务 2008 年毛利率分别为 47.5% 与 41.0%。

南海发展正不断完善供水、排水、垃圾收集处理、污泥处理等产业链,打造全国环境综合服务示范基地,以综合性环境服务投资商和运营商的整体优势,向全国发展。

洪城水业(600461)

江西洪城水业股份有限公司成立于 2001 年 1 月,由南昌市自来水有限责任公司(2001 年更名为南昌水业集团有限公司)作为主发起人并联合北京市自来水集团有限责任公司、江西清华泰豪信息技术有限公司、南昌市煤气公司、南昌市公用信息技术有限公司等四家公司发起设立,2004 年 6 月公司在上海证券交易所首次公开发行股票并上市。

洪城水业主营业务为自来水的生产销售和污水处理。公司目前拥有青云、朝阳、下正街、长埭以及牛行五个制水厂,制水能力为120万立方米/日,为南昌市最大的专业制水企业;此外还拥有萍乡市洪城水业环保有限公司等5家子公司。

洪城水业具有70多年的供水历史,技术力量雄厚,经验丰富并有较强的供水行业经营管理能力,在南昌供水市场处于绝对领先地位。取水水源位于赣江南昌段的中上游,水质良好,生产净化成本较低,毛利率相对较高,2008年中期自来水生产毛利率为32%,污水处理毛利率50%。2009年,自来水生产和污水处理业务占公司收入比重分别为80.7%和19.3%。2009年,公司共实现主营业务收入2.02亿元,利润总额2 978.12万元,净利润2 097.53万元。

按照鄱阳湖生态经济区规划的要求,未来5年江西省污水处理规模年复合增长率为42%。如果能够通过收购方式整合江西省自来水生产企业,公司的业务规模将实现大幅增长。

重庆水务(601158)

重庆水务是由重庆市水务控股(集团)有限公司整体变更设立,并于2007年9月6日成立的一家以供排水业务为一体的水务行业股份制公司。公司的控股股东重庆市水务资产经营有限公司,实际控制人为重庆市国资委,通过水务资产经营公司持有公司75.10%的股份。苏伊士环境集团和新创建集团公司作为战略投资者,通过重庆苏渝实业发展有限公司,间接合计持有公司13.44%的股份。2010年3月,重庆水务在上海证券交易所成功上市。

重庆水务是重庆市最大的供排水一体化经营企业,通过控股子公司、合营及联营企业从事自来水的生产销售、城市污水的收集处理及供排水设施的建设等业务。截至 2009 年 12 月 31 日,公司拥有已正式投入运营的自来水厂 28 个,设计供水能力 143.9 万立方米/日;污水处理厂 36 个,设计污水处理能力 168.3 万立方米/日。

在公司目前的业务中,污水处理业务是公司的主要收入来源。2009 年,公司污水处理业务实现收入 17 亿元,占公司主营业务收入中的比重为 63%;贡献利润 12 亿元,占公司主营业务利润的 85%。

公司主营供自来水、污水、工程等三大业务,拥有供水、排水、管网一体化的完整产业链。通过供水、管网一体化经营,企业拥有了终端收费权,进而拥有了进行综合改造治理的动力,在降低漏水率、提高运营效率方面具有显著优势。

重庆市作为西部开发的区域性中心,目前处于工业化、城市化的快速发展阶段,污水处理等相关市场前景广阔。公司作为拥有重庆市水务特许经营权的专业公司,将充分享受这一历史性的发展机遇。同时,公司依托自身的区域优势,准备进军工业污水和发电行业,实现公司未来的可持续发展。

江南水务(601199)

江苏江南水务股份有限公司是由江阴市公有资产经营有限公司作为主发起人,按"厂网分离"的原则,以原江阴市自来水总公司制水业务相关资产出资,联合江南模塑科技股份有限公司和 13 位自然人于 2003 年 7 月 15 日发起设立。2011 年 1 月 24 日,江苏江南水务股份有限公司在上证所公开上市的申请,获得中国证监会通过。

江南水务主要经营自来水制售、给水工程设计、供水工程建设、水质检测、水表计量检测以及对公用基础设施行业进行投资等。2008年11月28日,江南水务向江阴市城乡给排水有限公司定向发行8 500万股股份,整合给排水公司拥有的全部供水管网资产。

目前,江南水务拥有日供水能力93万立方米,DN100以上供水管网总长600多公里,供水人口超过200万,供水规模、人均供水量及各项能耗、全员劳动生产率等指标在同行业中处于领先地位。2009年,公司供水总量为22 495.09万立方米,占全国供水总量的0.64%,供水规模在全国1 838家同行业企业中排名第40位,处于前2.2%分位,已超过江苏省内大部分地级市的同行业企业和国内10个省会城市的供水规模。考虑到用水量尤其是工业用水量与所在市场的地方工业发展水平有很大关联,结合江阴市强大的工业规模,公司在江阴市的业务规模还有进一步提升的空间。

相对于公司的业务规模,公司的盈利能力在同行业中较为突出。与同行业上市公司比较,公司的净资产收益率处于较高水平。根据中国城镇供水排水协会《城市供水统计年鉴》数据,公司2009年度净利润指标在全国1 838家同行业企业中排名第七,处于前0.4%分位,居行业前列。考虑到公司的水价处于较低水平,公司的盈利能力相当突出。

多年来,江南水务公司立足保障民生需求,恪守"水质以国际水平为准、供水以社会需求为准、服务以用户满意为准"的企业标准,运用现代化管理手段,不断强化供水管理,注重提升供水服务效能。公司相继开发升级了水厂集散控制系统(DCS)、供水调度信息管理系统(SCADA)、管网地理信息系统(GIS),水源自动在线监测系统等系统,采用多种新型净水工艺技术并建立先进的生产管理系统和水质检测体系,并先后通过了ISO9000、ISO14000、

OHS18000认证,有效保障和提升了企业的管理效能和运行质量。公司水质检测中心是江苏省城镇供水企业一级水质化验室,并取得了中国合格评定国家认可委员会的认可,具备了国家级实验室检测资质。

江南水务一直定位于发展成为专业的水务服务供应商,在盈利能力与客户服务方面均处于行业领先的水平。上市后,江南水务将会通过打造标准化的现代化水务服务模板,以"资本＋服务"输出的方式,实现成为"跨流域水务服务龙头企业"的发展战略。

www.ingramcontent.com/pod-product-compliance
Lightning Source LLC
Chambersburg PA
CBHW081826230426
43668CB00017B/2394